你值得擁有最美好的親密關係。

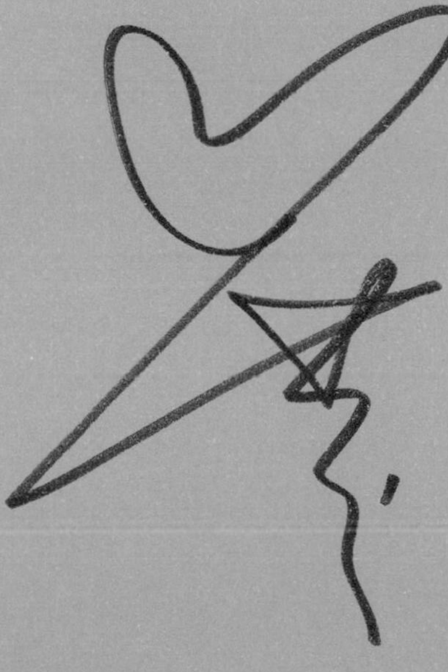

關係不是愛情，而是修行

張德芬——著

自序

什麼樣的作者有資格出一本談論親密關係的書呢？大言不慚地說，我當之無愧。從十九歲初次戀愛至今，我已有四十餘年的實踐經驗，其間我不只離過兩次婚，還談過很多次無疾而終的戀愛，曾主動結束一段關係，也曾因別人的背叛而果斷分手。可以說，親愛的，你們走過的彎路，我都走過；你們跌過的坑，我都摔過。因而，在突破親密關係困境和掌握愛的秘密這兩方面，我都有充分的經驗和體悟與你們分享。

坦誠地說，這些經驗和體悟，絕非一般親密關係理論書籍的內容可以相比，也絕不僅僅止於泛泛之談。正因為我曾親身深刻體會過，而且歷經二十餘年的個人成長潛修，在自我成長這條路上，我可以充當特別好的導遊，當我踏過親密關係的各種陷阱，我更知道如何做出務實的自我檢討和總結。無論內心曾多麼思緒萬千，如今我只想以淺顯易懂的文字讓大家儘早懂得我的深切體悟。

親密關係互動模式背後存在著多種驅動力、親密關係裡需要避開的多重陷阱、進入關係前需要注意的幾大重點事項、突破親密關係困境的實操方法和心法等等，這些都是我迫不及待想在這本書裡與你分享的幾大內容，因而這本書相比之前的任何作品都會更加務實和具有實戰指導意義。

在面臨外遇、背叛、分手、離婚甚至婆媳不合這些細枝末節，如何正確處理自己的情緒，如何正視這些麻煩所帶來的各方影響，我都有心得體會記述其中。我盡量詳盡地探討親密關係中的諸多議題，讓你們在親密關係上獲得全新的洞見和有效的指引。

總之，如何切實地採取行動，讓自己找到並擁有一段美好的親密關係，正是這本書的終極目的所在。期望看過本書的你，可以在親密關係中走得順遂，擁有和諧的親密關係。

眾所周知，親密關係就是最好的修行道場，是個人通往靈魂的橋樑。因此，無論你的親密關係好與不好，我都希望你能夠在其中習得自己生命的功課、獲得個人的成長，從而蛻變成為你心目中想要成為的人：一個在精神上真正獨立自主、生活上也能夠自洽愉悅的人。這是我寫此書最想實現的一個心願。

總結而言，這本書彙集了非常多我在親密關係裡摸爬滾打所獲得的實戰經驗，一共分成三大部分：

第一部分：開啟親密關係的修行。

這個部分，我總結了很多自己修行的體悟，你將理解親密關係究竟是什麼，如何才能擁有美好的親密關係。這個部分包含很多基礎又務實的實戰理論。

第二部分：突破親密關係的困境。

在親密關係中，我們實際上會有各種際遇。遇到各種問題，如何從中找到突破點，完成自我蛻變，這將是我在這個部分分享的重點。

第三部分：修煉親密關係的心法。

親密關係有四大心法，這是我通過自己四十餘年實踐經歷總結出來的寶貴經驗和體悟。我盡可能把我走過的路和獲得的啟發，都真誠地分享給大家。

這本書裡幾乎蘊含了親密關係中所有可能遇到的問題，我的一字一句皆肺腑之言。在這些寶貴的經驗背後，也深藏著我自己隱秘幽微的巨痛。正因為體驗過親密關係裡的矛盾、掙扎、悲傷、艱難、苦澀、絕望，我才更加富有同理心，去理解每一個在關係裡渴望得到愛的人。

希望通過這本書，我能好好陪伴大家走過親密關係這條成長之路。不管你正在親密關係裡面掙扎，還是孤身企盼一段新的親密關係，甚至歷經萬千已對親密關係心如死灰，這本書都會對你有莫大的幫助。

這本書我盡量寫得簡明易懂又實用，有些篇章還特別附上「自我練習」的單元。期望這些練習可以在你一個人獨處安靜的時候，好好利用它去反思。真心希望你不要略過這些練習，而是要當作在修習一門功課一樣，好好做作業，這也是我時至今日還會做的功課。

為了讓自我練習的單元更具情境感，我還特別附上了親自錄製的十多則「冥想音檔」。期望在孤立無援的夜晚，我的聲音可以陪伴你，引領你走過親密關係的至暗時刻。

我比任何人都深切地知道，親密關係有很多道理，我們理性上可能都已明明白白接受，但是在潛意識底層還是存在盲區，實踐中也總有障礙出現，以至於我們無法第一時間做出對自己最為有利的決定。這個時候就是最佳的冥想練習時間，它可以幫助你突破潛意識中的固化模式，把自己帶入一個相對美好的情境當中，從而獲得真正的情緒解脫。

這是一本親密關係的理論參考書，也是一本親密關係實踐的工具書。親愛的，願你可以好好地運用它，它會讓你對親密關係的理解和態度，產生由量變到質變的過程。

期望你可以得償所願，擁有良好的親密關係。即使你還是孤身一人，但你的內在始終是自由喜悅的——這是我希望在每位讀者身上看到的驚喜轉變。

我是德芬，期待在書裡與你相遇。

張德芬

二〇二三年八月於大理

目次

Part 1 開啟，親密關係修行

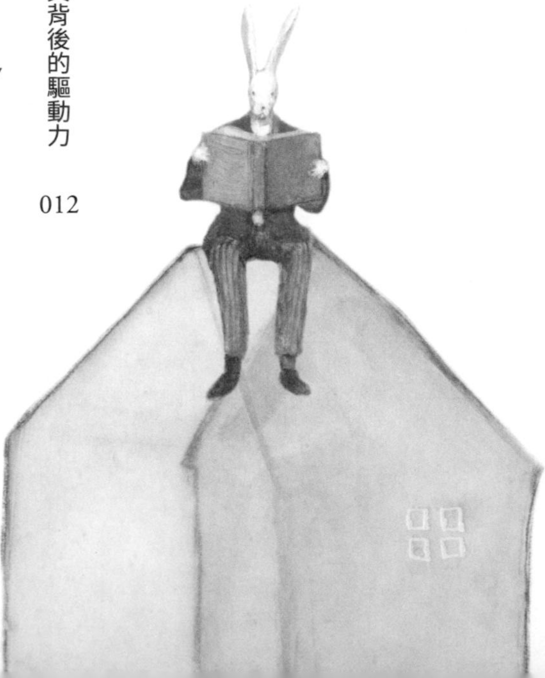

Part 2 突破，親密關係困境

Part 3

修煉，親密關係心法

Part

1

開啟，
親密關係修行

Chapter 1

親密關係的陷阱

三大陷阱和其背後的驅動力

在開始一段親密關係之前，如果你沒有做好準備就貿然投入，往往會陷入痛苦麻煩的泥沼，糾纏不已。

因此，首先，我們需要瞭解親密關係中存在的三大陷阱以及它們背後的驅動力。盡量做好充分的心理準備，才能避免在猝不及防的情況下就深陷其中，落得痛苦不堪又無法自拔的境地。

若能做好充分的準備，你可以藉由親密關係，走上美好的人生歷程，甚至遇見靈魂深處那個未知又美好的自己。

親密關係裡的陷阱是什麼？

第一個陷阱：愛上和父母相似的人

初次邂逅時，就發現你所傾心之人和你的父母十分相似。此時，你要有所警惕，並深入思考他之所以會出現在你生命中的意義。

因為和父母相似的愛人，註定會帶給你很多生命必修的功課。

我曾做過這樣一個練習——把我父母的優缺點和當時愛人的優缺點分別寫下來，結果發現我所羅列的內容幾乎一模一樣。如你所想，那位愛人確實也帶給我此生要修的最艱難的功課。

在那段關係裡，我對他非常執著，固執地期望他能把父母從小沒有給予我的關心、愛護、體貼、理解、看見等所有的東西都補償予我。

其實，我們小時候在父母身上未獲得的東西，包括各種未被滿足的需求、關注、認可和愛，經年累月，對這些的渴望都會深埋在我們的潛意識裡。待長大成人後，當我們遇見和父母有相似特質的人時，就會不由自主地被他吸引，因為他身上恰好散發著一種無與倫比的熟悉感。於是，在潛意識的驅使下，我們便會心生錯覺——認為千載難逢的機會終於來了！

「小時候，我沒有能力把父母改造成理想中的樣子，現在我長大了，得償所願找到一個和父母相似的愛人，所以我要去改造他，讓他蛻變成為我理想中父母的模樣，從而滿足和彌補我這一生的期盼和遺憾。」

這種設想固然美好，可是我要嚴厲地說，這是親密關係中一個非常致命的錯誤，極有可能帶你墜入深不見底的陷阱。

每當你如此渴望愛人成為你理想父母的模樣時，你就會耗費很多心力去「改造」他。你也許會把全部精力傾注在他身上，留意他的一顰一笑、一舉一動，試圖滿足他的所有需求，以求換來他相應的情感回報，並且心中還會時刻檢驗他是否達到了你設定的期待值。

在兩性相處中，你會總忍不住去糾正他、指正他，形成一種強迫對方完全屈從於自己的「低氣壓」，令他毫無喘息之機。

我可以很負責地講，一個人絕無可能達成對另一個人的全面改造。以愛情為武器去改變對方而不接受他原本的樣子，對那個人而言也極不公平。不僅如此，這樣的關係模式肯定會隨著時間的推移，逐漸爆發出各種問題。

一方面，對方會覺得你一直在試圖操控他，不僅不接受他原本的模樣，還一直想把他改造成他所不是，也不願意成為的人。可想而知，他的心理感受一定異常糟糕。

另一方面，在所謂的「改造」過程中，你自己也會時常感到氣餒和失望。因為每當他展現出你不想看見的行為方式、拒絕變成你期望中的樣子時，你都會無比挫敗和無助。每一次他拒絕因你的要求而做出改變時，你都會感受到深深的刺痛和失望。

那麼，接踵而來的會是什麼呢？就是雙方爭執的爆發。為了避開正面衝突，雙方會陷入冷戰，或是乾脆選擇逃避。也許因為某個契機，雙方會和好如初。可是，充斥著控制與反控制糾葛的親密關係模式怎麼可能美好呢？

❈第二個陷阱：為了戀愛而戀愛

很多人出於空虛、寂寞的原因會非常渴望談戀愛，殊不知「非常想談戀愛」本身就是一個巨大的陷阱，會讓你困在愛情的迷霧之中無法脫身。

當你盲目追尋愛的感覺，為了愛而去愛，這會導致你在沒有真的看清楚這個人是否適合你、能否和你展開一段互相滋養的關係前，就貿然投入感情。

在親密關係中，認識不清就魯莽向前，結局只會是失望和心碎。

愛情會讓人盲目，現實會讓人警醒。生活必定狀況百出，不要等到一起面對時，才發現彼此截然不同，而深陷其中才知彼此並不適合的悔恨，會令你掉入巨大的失望和挫敗的情緒漩渦之中。

我們從小接觸的文學和影視作品往往會把愛情這件事情過度美化，這一定程度上也導致我們在親密關係中盲目樂觀。長期的薰陶之下，很多人無意識中會被植入一個信念——無論你遇到什麼事情，歷經怎樣的磨難，只要遇到一個對的人、談一場轟轟烈烈的愛情，一切問題都能迎刃而解，甚至還能因此治癒此生所有的創傷。不僅如此，自此還會過上只有快樂幸福、沒有憂慮悲傷的人生。

這樣的美化或誤導會令大家對愛情、對親密關係抱有過高的期望，由此展開的戀愛歷程也註定是坎坷而虐心的。

當戀愛的感覺來臨，你會奮不顧身地投入，恨不得每天都和愛人如膠似漆，陷入暈輪效應當中不可自拔。你甚至會覺得，這段愛情真的可以改變你的人生，讓自己一輩子幸福下去。

然而，一旦熱烈的愛戀慢慢褪去，對方的缺點和彼此需求的不匹配就會暴露無遺，你會因為巨大的心理落差而陷入痛苦的深淵，對自己發出靈魂的提問：為何這段感情會變得跟我想像中的神奇愛情如此不同？對方是不是根本就不愛我？

你會開始懷疑愛情、懷疑對方的真心，親密關係之中本就存在的問題也會隨之浮出水面。

可是，你是否想過，我們皆是凡人，為何戀愛時會把對方看得完美無缺，甚至當成完美父母，當成可以敬仰的「神」，並希望他可以滿足我們一切的願望呢？這本就是絕無可能的事情啊！

所以，醒醒吧！戀愛只是親密關係的開端，人生真正的考驗才剛剛開始。

一段美好而持久的關係，終歸要從熱戀期的絢爛歸於內省期的平淡。允許對方去做真實的自己，彼此坦誠溝通、互相謙讓，甚至做出妥協犧牲，才能成就美好而持久的親密關係。

第三個陷阱：看似美好的「一見鍾情」

一見鍾情的確是件非常美妙的事情，四目相對時，眼裡只有彼此，直至天雷勾動地火。可是激情過後，這樣的情感一定會迎來美好的結局嗎？

這個問題沒有一個絕對的答案。

在親密關係中涉世未深時，我也曾經有過一見鍾情的經歷。當熱情慢慢褪去之時，我才發現原先深愛之人竟然是來「討債」的。也許，你一見鍾情之人和你之間可能存在一些尚且不知，甚至發生在更早之前的「能量糾纏」。

有時候我不禁想，當你看到一個人，當下就讓你有一種特別熟悉的感覺，產生莫名強烈的好感，並不由自主地被他吸引，這樣的相遇很有可能就是「還債」的開始。

所謂的「還債」，其實是指平衡一段以往沒能平衡的「能量關係」。

當你遇到這樣「討債」式的索取關係，建議你多加考慮、多方驗證，而不是輕易就和他開啟親密關係。否則，和他在一起後，你可能會捲入一個巨大的「能量漩渦」，過不下去又逃不出來。如此一來，人生往後，你會變得非常被動，總是在付出和讓步，以此試圖索取他本就不多的愛。

很多人經常笑談：「有的女人一談戀愛，智商就大大地降低。」所謂的戀愛腦，大抵就是由一見鍾情一發不可收拾後引發的結果。

三大親密關係陷阱背後的驅動力

親密關係的陷阱背後都存在著驅動力，一旦我們看見和瞭解之後，就不至於被陷阱營造的美好幻想所迷惑。

❖第一個驅動力：他很像你原生家庭的父母，背後的驅動力可能源自你想要改變他，讓他成為你理想中的樣子

我們需要懂得一個基本的、但很多人尚且不能接受的道理：你不可能改變任何人，你只可能創造一個環境或情境讓他主動做出改變。

我有個女性朋友就是很好的例子。婚後多年，她一直對老公懷有諸多不滿，總是橫加挑剔。她的內心總覺得老公既配不上她，也不夠愛她。即使在旁人看來，她的老公已是無可指摘的絕世好男人，可她還是欲壑難填。

作為摯友，我常常苦口婆心相勸，還一一列舉她老公的優點，甚至為她做各種詳盡分析。縱然如此，她還是無動於衷。長久以來，她既看不到老公對她的傾力付出，也感受不到老公對她的深切愛意，所以才會一天到晚抱怨個不停。

我很想改變她，讓她變得快樂一點，也希望她能放她老公一馬，然而苦勸多年都毫無

效果。

後來，我們偶然與一位諮詢師朋友聊天，在談及她的親密關係時，諮詢師朋友很認真地請她回想：「在過去這些年裡，你老公出於愛為你做了什麼事情，試著把它寫下來。」接下來，諮詢師朋友再次發問：「再想一想，在過去這些年裡，你出於愛又為你老公做了些什麼，也把它寫下來。」

聽到前面那個問題時，我這位愛抱怨的朋友很快就想起很多具體的事例，但被問到後面這個問題時，她當時大腦幾乎一片空白。

一直以來，她都是一個以自我為中心又備受嬌寵的女人，在親密關係裡活脫脫被寵成了一個長不大的公主。經過如此一番分析後，她才深知自己並沒有為這段關係付出過太多，反而是對方默默付出甚多。

恃寵而驕的她，就這樣在這段關係中抱怨了很多年，她的心中始終無法感到滿足。可是，她又深知，以她五十多歲的年紀，根本找不出第二個比他老公條件更好、更愛她的人。直到偶然發生的那個情境下，當諮詢師朋友以提問的形式幫她分析，才讓她有機會重新審視自己的關係模式，她才理解自己一直以來有多任性，漠然地把老公對她所有的好都視為理所當然。

幸好，她終於幡然醒悟。那天和諮詢師朋友深談後，她終於放棄抱怨老公，開始生出感恩之心，甚至學著去遷就和照顧老公的感受。

這個案例就是剛好在某個情境和氛圍之下，運用了恰當的諮詢技巧，才讓我的這位女性朋友產生了意識上的變化，並順理成章做出行為上的改變。這樣的改變當然需要可遇不可求的機緣，這是讓一個人的行為發生改變的絕好契機，恰好我有幸親眼目睹了全程。

我們要懂得，讓一個人改變自我並非易事，它需要一定的天時地利人和。一般人都不具備諮詢師的耐心，更沒有掌握相應的諮詢技巧，特別是當我們在面對另一半時往往束手無策。

因為我們對另一半最容易產生索取、提出要求，當對方達不到我們的期待時，我們就會心生怨懟，脫口而出的也永遠是責怪和抱怨。如果你想通過責怪和抱怨去改變一個人，很抱歉，那絕無可能。即使對方為了討好而佯裝改變，實際上仍會固執己見。

很羞愧地講，我年輕時也有過這樣的傲慢。那時，我理所當然地認為縱使那個男人有些方面不合我意，跟他在一起之後，我一定有辦法讓他俯首稱臣、心甘情願做出改變。後來，我才發現我完全是盲目自信，毫無應對之策。

因此，在親密關係中，若你對另一半的行為有不滿意之處，不妨及早溝通、達成互相理解，別總想著通過改變他來達到目的。如果你想擁有和睦的親密關係，你能做的可能只是調整自己的期待。

總之，如果你覺得對方很像你原生家庭的父母，潛意識中一邊抱著想要改造他的期待，一邊又情不自禁地被他吸引、跟他在一起，你就要特別留意背後的驅動力。通過改造別人來迎合你的需求、要求和喜好的這個模式，是最愚蠢、最浪費時間和精力的。

第二個驅動力：非常想要談戀愛，是你想要獲得被愛的感受

當我們懷抱著如此強烈的驅動力，投身於愛與被愛的關係，除非你運氣特別好，否則結果會很淒慘。因為你太想要那份愛了，所以你寧願對那個人的真實模樣視而不見。即使他已經展現出你不太喜歡甚至無法接受的行為方式時，你仍會為他做出合理化解釋，或者自欺欺人下去，無限制地做出讓步，甚至一再縱容。

也許，對方會因為感受到你強烈的愛，暫時迎合你的需求，做一番表面功夫，但這樣的親密關係註定無法長久。待熱戀期稍縱即逝，各種現實的衝突就會席捲而來。

當然，也會有例外的情況存在。因為你太過展露出渴望被愛的強烈欲望，往往會令一些迴避型人望而生畏，他們稍顯冷漠的人格特質也會展露無疑。

當然，也許你的目的很單純，談一場轟轟烈烈的戀愛即可，而不會過多覬覦，更不會將結婚、生子這一系列長遠事宜納入考慮範疇，那麼，你可以盡情去愛，只把戀愛當成你生命中的一種興趣愛好來培養。

當然，愛好會令人享受專注的美好。正如瑜伽、畫畫、芭蕾等，當我們全身心投入其中時，會進入心流的狀態，既美好又充滿享受。可是，捫心自問，你可以一輩子都把戀愛當作愛好嗎？你可以把自己一生的幸福都寄希望於戀愛這件事情上嗎？當然不能。

當愛好要強迫為之，就會變成一種負擔。墜入愛河了，就享受當下，不論得失。感受此時此刻因愛給生命帶來的美好感受，才最為重要，而不是一開始就抱有相伴一生、不棄不離的奢望，亦不是苛求每日都如膠似漆的親密。

倘若你有能力隨時從熱烈而膠著的愛情裡抽身，那你自然不容易遍體鱗傷。怕的是，你本來抱著小小談個戀愛的心情，結果就不可自拔地墜入愛河，好像這一生沒有他，便不能活；沒有他，人生便沒有了意義。

因此，如果你為愛而愛的話，一定要三思而後行：你能做到像去赴一場晚宴那樣，精心打扮、開心享受一番後，就立刻回家睡覺，而不會因為晚宴時太過享受，流連忘返而迷失忘我嗎？

縱使愛情一時迷人眼，晚宴也終有結束的時候。愛情終究會回歸平平淡淡，無法一生轟轟烈烈，尤其開端愈是激情迸發、愈是水乳交融的感情，是愈難長久的。物壯則老，這是千古不變的道理。

當然也會有一種例外的情況。愛情中的兩個人恰好是病態地互相共依存的關係，譬如身體都不好或者情感上都有缺失，遇見一拍即合的對象時，就會變成一個願打一個願挨的局面，相互依附、難捨難分。

然而，每一個人的個性不同，需要的愛情類型、相處模式也不盡相同，你的個性是什麼樣子的，你想不想在愛情中和對方融合為一體，對方又能不能讓你這樣依賴他，這些情況都是可遇而不可求的。

年輕時的我，也曾非常期待執子之手、與子偕老的愛情，那是多麼美好的一種情感啊。這一生就依附於一人相守到老，想想都覺得嚮往不已。

然而，很快我就被現實狠狠打臉。我不只做不到，也壓根不是那種可以完全依附於另一半的人。更扎心的是，我也沒能找到那個和我步調一致、一唱一和的對象。

最終，我幡然醒悟，精神上和情感上的獨立自主才是我最想要、真正喜歡的，也是最能讓我感到愉悅和舒服的狀態。我意識到那種太過牽纏、缺乏邊界感的關係，其實只會消耗對方的能量和心力，對彼此的成長都毫無裨益。

因此，我果斷戒掉了這種為愛而愛的「癮」。不過，這並不表示，我自此不再談戀愛了。我只是不會再像以前那樣一旦深陷愛情就無法自拔了。於我而言，戀愛可能只是我的一個獲得美好體驗的嗜好、或需要全身心投入的一場遊戲，我會認真對待、全力以赴，但是不會讓它傷害或消耗我了。

現在，請大家向著更深的內在去探索：你究竟適合什麼樣的親密關係？想清楚了這個問題再行動也不晚。你可以多談幾次戀愛，多參考別人的案例和經驗，藉此可以少走很多彎路，盡早踏上自己戀愛的康莊大道。

不管你選擇何種情感模式，你都要先把自己的日子經營好，這樣才能以最佳的心理狀態迎接另外一個人的到來。戀愛時要收放自如，能盡情愛，亦能及時抽身。投入感情的時候可以忘我，失去的時候也不會受到重創。

如果你的生命因為缺少了一個男人或者一個女人，就過得十分悲慘，這意味著你把自己所有的喜怒哀樂投注到那個人身上了，你沒有做到自我負責，這是對另一半不公平，也會讓自己陷入可怕境地的事情。

愛情並非我們生命的全部，它從來都只能是錦上添花。生命最理想的狀態，應該是一個人可以活得很精采，若能兩情相悅也可以收穫幸福。

第三個驅動力：看似美好的一見鍾情，背後可能是你需要償還的債

這種情況很難用語言詳盡解釋，因為它屬於潛意識裡的動力。就好像你莫名其妙地就被一種致命的吸引力抓著不放，理性上根本無法解釋清楚。

此時，你要在心中默念：我並不虧欠他什麼，這輩子的人生要事是先過好自己的人

生。我並不虧欠他什麼，我也並非一定要跟他在一起，我可以坦然放手。就算出於真心在一起，我也無須毫無保留地付出。你可以不斷地用這樣的語句，在潛意識層面進行自我催眠。

如果你能保持這樣的理智，遇到一見鍾情的對象時，你便可以勇往直前。若你做不到一以貫之的理性，還是勸你趕緊逃開，不要做出飛蛾撲火的危險舉動。

*

當我們有能力看清愛情裡的陷阱和其背後的驅動力，那麼你受制於它的可能性就會減少很多，找到真正好的伴侶的機率則會大大增加。

願大家都心懷好奇、覺察，以一份自我保護的意識模式，不只能縱情享受屬於你的愛情，還能始終保持一顆自在輕安的心。

· 自我練習 1 ·
親密關係陷阱對照清單

Chapter 2

親密關係的差異

婚姻和戀愛不同

幾乎每個人都嚮往擁有美好的婚姻，可是為何現實總是不如人意？這是因為很多人在進入婚姻之時，都還處於一種無知無覺的狀態。

我經常講，在內在成長這條路上，我像一位資深導遊，孜孜不倦地為大家引領人生之路。親密關係的修煉亦需要指引，首先你要看清婚姻的本質，它與戀愛有何區別，這樣你才能清晰地知曉自己想要到達的目的地以及到達的方式。

不僅如此，你還要瞭解這趟修煉的路途中，不可避免會遇到多重阻礙，正確避開才不會讓自己吃太多的苦，也才能順利地抵達你要去的地方，最終收穫穩定和諧的美好婚姻。

戀愛和婚姻完全是兩回事

戀愛和婚姻完完全全是兩回事。很多人在進入親密關係前，並沒有看清這兩者的區別，等到問題顯現出來，只會變得手足無措，陷入無意義的爭吵和內耗之中，讓彼此都深受傷害。

那麼，戀愛和婚姻究竟有何不同呢？

婚姻好似合夥制公司，雙方爭取讓利潤最大化

談情說愛可能是無憂無慮地結伴玩樂，經營婚姻則像兩個人合夥開公司。

如果只談戀愛，你可以自在隨性一點，而且只要你在關係裡學會了進退自如的功課，就儘管轟轟烈烈地去愛。婚姻則牽扯到方方面面，需要慎重對待，絕不能以草率談戀愛的態度面對。婚姻需要合夥的雙方都保持理智和清醒的頭腦，而非只坐看風花雪月、只幻想激情浪漫。

在尋找「婚姻合夥人」的過程裡，你可以從氣質相貌、脾氣秉性、胸懷擔當等多個角度考量，也需雙方互有好感、相處融洽，才能共同開辦好家庭這間公司。

與戀愛不同，合夥開這家名為「婚姻」的公司，要以創造「利潤」為前提，如此這間公司才能健康地發展，這也是婚姻幸福持久的基礎。

那麼，婚姻公司的「利潤」包含什麼呢？夫妻雙方的快樂幸福、家庭成員的內心感受、家庭的財務狀況、家庭未來的發展規劃等都屬「利潤」的範疇。

在進入婚姻之前，我們在心裡一定要構建「婚姻需要認真經營」的認知。倘若經營不善，婚姻就只會是浪漫主義的陷阱，落得兩敗俱傷的結局。

婚姻的本質不是愛情，而是修行

心理學領域的前輩吳和明老師在談婚姻時，做了一個這樣有趣的解讀：在結婚儀式中，主持婚禮的牧師或神父會向女方提問，「你願意讓這個男人成為你的丈夫，與你締結婚約嗎？無論貧窮富貴、疾病健康，你都會不離不棄嗎？」事實上，神父真正應該問的是：「你願意嫁給這個男人，深入虎穴，成為他媽、他姊的替身，然後接受他人生二十八年來累積的憤怒嗎？」

如果女方點頭說願意，那就再向男方提問：「你願意娶她，把你家變成主戰場，成為他爸、他哥的替身，接受她人生二十六年來累積的幻想、嫉妒和仇恨嗎？」

如果男方也說願意，神父接下來應該說：「那我現在宣布，你們正式結仇。」

對於這段趣談，有些網友深有感觸，改編的版本也很戳心：

神父應該對女人說：「你願意嫁給他，面對他對你幻想的破滅，和他一起經歷生命深處的種種喪失，承受他所不能承受的，愛他所不能愛的自己嗎？」

然後，再對男人說：「你願意娶她，當她用最黑暗的部分面向你，你依然可以看到後面的光芒，不被彼此的心魔誘惑，不向絕望低頭嗎？」

如果雙方都願意的話，那神父就應該說：「我現在宣布，雙修開始！」

接下來，雙方將共赴婚姻修行的主戰場，開始一場漫長的修行旅途，直面自己的人生課題。

婚姻比戀愛更麻煩，要容納更多真實的面向

婚姻永遠不只是由鮮花、音樂、美酒等浪漫的因素構成，也永遠不會只有童話故事裡王子與公主從此過上了幸福快樂生活的完美結局。

我們要勇於接受每段婚姻都有它殘酷一面的真相。生活中定然有很多瑣碎的事情，雙方都會經歷情緒低落或者暴躁的時候，對目前的生活、乃至對眼前這個人，也難免會有極度厭倦的崩潰瞬間。

作為婚姻的局內人，因為雙方逐漸熟悉，長久以來耐性逐漸被消磨，那些我們最不願意被外人所看見的醜陋一面，會在情緒失控的時候暴露出來，而且是不計後果和代價的。

有人會覺得一段婚姻走到破裂不會一蹴而就。離婚這件事，其實會礙於人性層面的因素，而變得麻煩不斷、困難重重。倘若雙方還有孩子牽絆、父母贍養、財產分配等因素的牽制，那麼雙方分開的機率是非常低的。最主要的問題是，一旦進入穩定的、有法律約束的婚姻中，一方很有可能會把禮貌、教養、正直、公平這些道德外衣早早褪去，開始肆無忌憚地展露自己的「真性情」，即使將最惡劣、最真實、最不客氣的一面以猙獰的方式呈現給對方，對方也不會遲疑不決。

我很喜歡一位老師克里斯多福・孟，他的作品《親密關係：通往靈魂的橋樑》與我的觀點有很多不謀而合之處，我深有共鳴並樂此不疲地翻譯了這部作品。

他在書中提到，當年宣讀結婚誓言的時候，他其實根本不瞭解結婚之後會進入怎樣的狀態，所以他在婚後的那段時間可以用「水深火熱」來形容。

他後來深有體會地笑談，當初的誓言應該是這樣的才對：「我發誓在結婚以後，會給你帶來難以想像的痛苦，導致你對我說出連黑社會老大聽了都會嚇到的話，並且讓你後悔遇見我、嫁給我。而當你對我做出同樣的事情時，我會用一個三歲小孩的承受度來回應，並且用急性子、壞脾氣，甚至冷漠來當作我的武器。而且在這個時候我永遠也不會想起來，當初我們結婚的時候，我們只是兩個盡力都想做到最好、非常相愛的普通人，我會把你當作我唯一的快樂源泉，你最好也是這樣。到最後，如果我們沒有離婚、如果你運氣好的話，我才可能會成長一點，並且瞭解到親密關係的真正目的，從而和你白頭偕老。」

倘若在結婚前，我們每個人都能夠預見到會出現這種情況，那麼有多少人還有勇氣踏入婚姻的殿堂呢？

我個人認為，婚姻當中固然有精采時刻，也定然會有低潮時期，我們不能因為不想去面對那些糟糕的、黑暗的面向，就選擇逃避婚姻，不然就是因噎廢食了。

最近，我和克里斯多福老師又通過一次電話，繼續上次的話題。他坦誠地講，當初他在二十歲出頭的時候，悲觀地認為自己這一生再也不會有什麼好的親密關係了。然而，到了三十多歲時，他偶然邂逅了他的妻子素梅老師，他很開心自己找到了真命天女，頓覺那十幾年的等待是值得的。

結婚之後，他們曾經有過一段低潮期，那時候素梅老師也跟我提起，她想要放一個婚姻長假，讓自己出去走走。然而，就在疫情這段期間過後，他們的情感又磨合到了一個新的境界，雖不能說是如膠似漆，至少是相濡以沫，他們成為了彼此最佳的良伴。

每個人都需要在婚姻這條路上探索和成長。倘若能在進入婚姻前，就能完整看見婚姻最真實的面貌，接受婚姻並不僅僅只有風花雪月的現實，才更有機會能找到適合自己的幸福，創造雙贏的局面。

不管是戀愛還是結婚，都有五個注意事項

他的原生家庭

原生家庭中的親密關係模式，很可能會在他的親密關係之中重演。

你要用心並且理性地去觀察：他和父母相處的模式是什麼樣的？他的家庭氛圍融不

融洽？家庭成員間的互動關係好不好？談到父母的時候，他的語氣、態度、感受都是什麼樣的？

這些方面都很重要。如果他表現出淡漠的狀態，那就表示他有一天也會用這種淡漠來對待你。如果他表現出怨恨的狀態，那就表示有一天他也會用這種怨恨的目光和語氣和你說話。

如果他對自己的父母充滿包容，會顧念撫養自己的父母不易，那就可以判斷這個男人相當不錯，他能夠換位思考，既為對方著想，也能放下童年未被滿足的痛苦。

如果他父母的關係是融洽溫暖的，這會是這個人很重要的一個加分項。因為父母相處的模式，是他潛意識裡會不自覺跟他將來的親密伴侶相處的模式。

如果對方已成為你想要結婚的對象，那麼這個部分一定要注意：他和父母任何一方都沒有特別的仇恨或是依附牽連。

我們都聽聞過媽寶男給女人帶來的痛苦。假如他的母親對他表現出異乎尋常的依戀，那你就要立刻提高警惕。和媽寶男組成的婚姻，可能會是三個人的婚姻，三個人都會痛苦不堪。婚姻之中，兄弟姊妹的狀況也很重要，你也要留意一下他和兄弟姊妹的關係如何。

原生家庭中，倘若父母對子女一直抱有超高期待，而子女總是令父母失望的情況，也要特別注意。

其實讓父母失望，有時候錯不在他，而在於父母對他的期望過高，高到他永遠做不到。然而，父母從未放棄期待，總覺得他能做到，於是一直批判他不夠努力、不夠優秀。

倘若一個人一直在父母失望的情緒下長大，他的自信心就會不足，他的心中可能會積聚很多怨恨、憤怒。長此以往，他定然受夠了父母的奚落、嘲諷、抱怨和不滿，所有負面的情緒也會儲存在他的潛意識裡面，等他進入了親密關係，就會不自覺地釋放出來。

我們人類的大腦，有本能腦、情緒腦和理性腦之分，前兩個屬舊腦，理性腦則被稱為新腦。

本能腦主管生存需求，它沒有情緒、沒有理性，所有的判斷完全憑藉本能，比如餓了就想吃、睏了就想睡，完全受本能控制，受生理需求制約。

顧名思義，情緒腦主管情緒，它讓我們有喜怒哀樂的感受，開心就會大笑，恐懼就會躲避。理性腦則負責理性地思考問題、回答問題、解決問題。

剛談戀愛的時候，我們可能多倚靠舊腦，通常頭腦一熱就墜入愛河。此時，理性腦暫時休息，等到了一定熟悉和放鬆的程度，甚至受到一定傷害時，理性腦才會出來發揮作用。

很多人在戀愛當中一開始是倚靠本能腦在運作，之後是情緒腦出動。情緒腦的特點就是，如果他對父母懷有怨恨，而父母是他以前最親近的人，那麼當他和你在一起時，你就會成為他最親近的人。此時，情緒腦會自動匹配，把累積的情緒，如怨恨、憤怒等，全部都釋放在你的身上。這個時候，理性腦是無法掌控全域的，因為情緒反應有時候比本能的反應還要快。

婚姻絕不是兩個人的事。兩個人締結婚姻，代表著兩個家族、周圍朋友以及身邊能量場的全部結合。我常常看到，婚姻裡面吵得不可開交的最大原因，就是由原生家庭導致的，比如男方對自己的兄弟姊妹照顧有加，或是女方傾盡全力為娘家人付出。

婚姻任意一方肆無忌憚地把原生家庭的印記模式帶入到新的家庭裡，會造成婚姻裡面劍拔弩張的情形。在你投入感情之前，務必先觀察他的家庭模式和狀態是什麼樣的。不太健康的原生家庭模式，一定會影響你們未來的婚姻。

反過來講，你自己的原生家庭也同樣重要。

通常情況下，你的親密關係之所以不斷重複某種痛苦的模式，是因為你在延續你父母親密關係模式的劇本。這個部分需要用心療癒和轉化。如果你的結婚對象是一個願意敞開心扉去學習和成長，並且有意識地想要掙脫原生家庭模式束縛的人，那麼你可以考慮和他一起療癒、一同成長。

❉ 看看對方在乎的是對錯，還是你的感受

這是我自己在親密關係裡很在乎的要點——如果伴侶老是在爭對錯，完全不顧對方的感受，那是十分傷人的。

當我和別人發生衝突、受到委屈時，回來就想跟我的愛人哭訴，如果他不想著安撫我的情緒，而是急著幫對方辯解，想要我從理性上去化解這個問題，甚至直指我的這種委屈是不合理的，對方反倒更有苦衷，這對我來說簡直是親密關係中最糟糕也最討厭的情形。

因此，後來當我交男朋友時，首先就會跟他直接約定，坦白告訴他：「如果我找你哭訴，你一定要先同理我的情緒。如果你不安慰我，甚至反而還要幫對方說話，那我寧可你一直保持沉默。」

後來我發現，這其實是因為有些男性他並不具備同理你感受的能力，他壓根不會，也不理解自己為什麼要站在一個偏袒你的立場上去說話。還有一種情形是因為，有些男人從小在易怒的母親身邊長大，他對於處理女性的負面情緒是心有恐懼的。即使他已經長大成人，當面對這種問題時，他還是只能維持一個三歲小孩的心態和能量，手足無措、茫然不知如何是好。

後來，我就學會了有什麼委屈，可以找閨密傾訴，找心理師諮詢，找別的朋友談心，就不會再跟男人談論，因為說出來的結果可能會讓我失望透頂。

如果他不能同理你的感受，不能跟你有情感上的交流，不能及時安撫你的委屈和情緒，那還不如不抱有任何指望。因為一旦說出口，就會期待他的安慰，如果這對你來說很重要，而他又基本上做不到的話，那這段感情可能也很難走得長遠。

在這一點上，我的建議是，如果他有其他很多的優點足以掩蓋過這個缺點，你可以捨棄這個要求，找其他的朋友傾訴來滿足你急需被安慰的需求。

然而，如果你十分注重這種被無條件支持和撫慰的感受，希望對方能關注你的感受而不是對錯的話，你就要慎重評判自己選擇的結婚對象了。

✤ 當你問到他過去交往對象的經歷時，他是如何談論他們的，這一點非常重要

假如一個人談到前任時，每一個在他眼裡都似有深仇大恨，都是自己無辜對方有錯，那你要知道，他可能有很嚴重的受害者情結，無法為自己遭受到的境遇、體會到的感受負責。他甚至可能對整個世界都懷有敵意，不論面對誰，都只能看到對方不好的一面，不能由衷地感激對方曾經對他的付出，也無法坦然地對過往任何一段經歷表示感恩、做出反思。

人生在世，時過境遷之後，不管它是好還是壞，我們總是能從中學到一些東西。就伴侶之間而言，無論前任是怎樣的人，對方也都會帶給你一些領悟，讓你學到一些人生功課。

如果這個人始終是從負面的角度去看待過去的伴侶、過去的婚姻，那說明他將來也會以這樣的方式對你。在親密關係裡，他可能總是橫加挑剔，把他心裡暗藏的那些揮之不去的敵意都投射在你身上，待最後走到分手的結局，他也自然會認為這都是你咎由自取。

總體而言，我們要看清楚這個人的人品。觀察一下，當他和別人發生衝突、自己的利益被侵犯時，或者他和別人發生不愉快的經歷後，他的態度是什麼樣的？如果他是寬容的，能夠有理性又能很有條理地去處理問題，那這個人就很值得交往。

如果他始終表現得很負面很消極，那你就要警覺起來。如果你和一個情商極低，永遠不會尋求雙贏策略的人走入婚姻，可能真的形同跳進火坑。因為他會用對待別人的惡劣態度來對待你，甚至自己生氣了就一拍兩散，沒有一點涵容的能量，沒有一點包容的空間，這真的是親密關係中要慎重考慮的部分。

你選擇的他是否情緒穩定

一個情緒不穩定的人，是不太可能帶給你快樂的。

尤其當你很在乎對方的時候，你會深受他的影響，天天因他的情緒起伏而擔驚受怕。對於女性而言，如果你能在他心情不佳時，不予理會，專心做好自己的事，等他心情好轉時，再和他促膝談心，如此淡定和瀟灑的話，那你自然不會因他的情緒不穩定而受傷。

不過，如果你是男性，勸你千萬不要這麼做。因為女性更容易陷入情緒的漩渦之中，她最需要的是你無條件的支持，同理她的委屈，以及跟她站在一起的決心。如果你遇到的是一個情緒很不穩定的女朋友，你若採取的是讓她自己冷靜的方法，那這段關係一定會爆發很多矛盾衝突。所以要思考一下，你能否做到一直陪伴和無條件支持一個情緒很不穩定、頻繁爆發，並且要求你隨時隨地偏袒支持她的伴侶。

有趣的是，愈「渣」的男人，情緒波動愈大的男人，反而愈有趣，對異性愈有吸引力。他們通常展現出來的也是比較幼稚、天真的狀態，所以他會控制不住自己的情緒，表現得像小孩子一樣。

這種童真的面向，又會吸引女人母性的保護欲，想去愛他，想去珍惜他，想跟他在一起。可是問題在於，這樣情緒不穩定的伴侶，日後肯定會給家庭製造衝突，尤其在養育了孩子以後，他能不能對孩子有耐心，會不會動不動就發火，這些都是要注意的部分。

因此我建議，如果你找男女朋友是以結婚和生孩子作為前提的話，一定要三思而後行，你所做出的決定會影響你的兒子或女兒擁有什麼樣的父親或母親。如果對方符合你心目中好父親、好母親的形象，你再考慮跟他步入婚姻，否則日後有了孩子，就可能會後悔莫及了。

此外，如果你很不喜歡對方身上的某種特質，那你要考慮一下這個特質在未來被你們的孩子繼承和遺傳了，你還能不能接受，否則你可能會因此抓狂。

❖ 親密關係中的財務議題

這個部分尤其重要，內容也比較多，我會在接下來的篇章做詳盡的探討。

總之，當一個女人首先明白婚姻和戀愛截然不同，那麼她在關係裡就會少吃很多沒必要的苦。因為她會抱持不一樣的心理準備和期待進入親密關係，而不會盲目地一頭栽進婚姻，讓自己陷入兩難的局面。

在相處之中，我們也要多多去注意親密關係裡的五個重點事項，希望大家都能對照這些方向，檢查一下自己的親密關係，針對問題找到對應解決的辦法，讓兩個人都能夠因為明白覺察到問題而修復關係、進而獲得成長，既活出真愛人生，也活出真實的自己。

・自我練習2・
寫下自己
在關係中的需求

Chapter 3

親密關係的理智

正確看待對方的優缺點

在親密關係之初，你可能會因為一個人的優點而愛上他，久而久之，你可能因為他的一些缺點離開他，這是很多人在親密關係裡的真實狀態。

受到熱戀期的荷爾蒙影響和自己心裡的各種需求驅使，會讓人無限放大對方的優點，也讓我們覺得對方就是自己的「完美伴侶」，陷入暈輪效應之中，忽略了實際生活中需要注意的諸多事項。

因此，在親密關係中，尤其在熱戀期，平衡好你的理智與情感至為重要。在開始一段親密關係之前，不要盲目追隨自己熾熱的情感，要讓你的理智也參與其中，只有這樣才不會因為對方有幾個優點就完全遮蔽了雙眼，之後也不會因為發現對方的一些缺點而斷然失望離開。

本章節我所提及的內容，可能會小小地顛覆一下你慣有的認知。乍看你可能會覺得：「哇，原來那些廣義上的優點，其實有可能都是缺點啊，我都不敢談戀愛或結婚了，怎麼辦？」

大家大可不必擔心，當我們對親密關係瞭解得愈多，才能更有的放矢地經營婚姻關係，不至於在無知無覺的狀態下就進入婚姻，讓自己陷入後悔和糾纏的挫敗之中。

那麼，在親密關係之中，我們如何正確看待對方的優缺點呢？

在戀愛初期，你可能滿眼都是他的優點，但是相處許久，你才恍然大悟：原來對方身上那些完美無瑕的優點，只是被自己美好的幻想無限放大了，甚至原先他最閃亮的優點正是此時他最讓你看不慣的缺點。

很多結婚多年的夫妻，懷著困惑找到婚姻專家諮詢，梳理自己婚姻中千頭萬緒的問題時，才驚覺：「原來我現在非常討厭的伴侶身上的缺點，恰恰就是以前吸引我的優點。」

因此，在進入令頭腦發懵的熱戀之前，我建議你先理清對方身上的優缺點分別是什麼，以及那些優點將來可能會演變成什麼樣的潛在缺點，繼而思考清楚：你能否接受他的那些缺點？以及怎樣才能預防這些所謂的缺點變成將來親密關係中的障礙？

下面我將列舉九種常見的優點類型，你可以參照對應，希望能給大家帶來新的收穫與體悟。

體貼入微的人

在親密關係裡，體貼入微的人很容易讓伴侶感到感動。被無微不至地照顧、被無限地關注；會讓伴侶覺得自己無時無刻被愛、被在乎，這的確是一種很好的情感體驗。

可是，細心體貼的另一個面向，通常是極其在意細枝末節和過度敏感。他對細節的在意和要求很多，情感的敏銳度十分纖細，不經意間就容易感到被冒犯。可能在步入婚姻之後，這個你當初無比看中的「優點」，會演變成再也無法承受的「缺點」。

你可以想像一下，每天有一個人伴你身旁，不斷地監督你，任何細枝末節都不放過，會是什麼樣的感受。小到牙膏使用、衣服收納、飲食禁忌、睡覺姿勢，大到房間布局、物品擺放，因為他太過在乎細節又思維敏銳，你會很容易冒犯到他。嚴重時，他會在小事上錙銖必較，甚至演變成睚眥必報。

生活中有很多雞毛蒜皮的瑣事，也許粗線條的你從來不當回事，可在他心中卻可以演變成「苦大仇深」的要事。若你們一直以這樣的相處模式對待彼此，生活中一定充滿令人窒息的「低氣壓」。

總的來說，一個體貼入微的人固然有吸引人的一面，但是我建議你在為愛瘋狂之前，要想清楚並仔細觀察他的細心體貼有沒有相反的一面。所謂物極必反，是鐵律。

理解你且很有同理心的人

對女性而言，一個有著豐富的同理心、能理解你的想法、對你的悲歡感同身受，並且無條件支持你追求快樂的人，往往具有很強的吸引力，也容易令你愛得昏頭、愛得失去理智。

的確，豐富的同理心是優點，但是它的另一個面向是多愁善感。富有同理心的人，通常也容易傷春悲秋，情緒不甚穩定。也正因為他自己經常有情緒起伏，在這方面要修煉的功課甚多，所以才更具備理解別人的能力。

然而，倘若他放任自身情緒頻繁起伏，會影響甚至嚴重破壞你們之間的關係。他們往往不像情緒穩定的人那般，可以用理智說服自己的情緒，讓自己基本維持在一個平穩的情緒狀態之中。他們會因為情緒失控，讓你遭受一場場沒有預告的情緒風暴，狠狠地傷到你的心。

總的來說，當一個非常懂你的人出現時，在被愛情沖昏頭之前，你要仔細考量他的情緒管理能力。倘若他是容易情緒化的人，那你能否接受這一輩子就和這樣的人相守到老呢？

十分勤勞的人

毋庸置疑，勤勞是一種美德。無論是遇到一個既勤勞又善於做家務、把自己的生活環境收拾得井井有條的男朋友還是女朋友，這都是一件令人愉快的事情。

可是，這裡我要告訴大家一個有趣的現象：

一個在婚前看起來勤快能幹、擅長做家務的人，在結婚以後有可能變得懶惰不堪。可是即便如此，他仍不會放棄對家庭整潔度的高要求，甚至期望你達成他的各種高標準。

那麼，如何判斷你的未來伴侶是不是這類婚前婚後有極大反差的人呢？有一招立竿見影，那就是觀察在原生家庭裡他和母親的關係。如果他是那種需要母親跟在身後幫他收拾殘局的人，那他註定是一個婚後懶惰的傢伙。

正因為他從小到大都習慣有人幫他收拾東西的模式，他定然無法忍受身邊的居住環境髒亂。生活在一起後，若你把家裡弄得凌亂不堪，他一定心生不悅，但是絕不會躬身收拾。他只會對你橫加挑剔、頤指氣使，若你不乖乖照做，他可能怨懟不已，甚至爆發口舌之爭。

婚姻中的家務分配，本就是非常重要的一件事。做家務常常會讓人積累怨氣，若長期分配不合理，怨氣聚沙成塔，最終可能會導致婚姻關係破裂。

近來我體悟到，勤勞的人分兩種，一種是天生愛勞動，另有一種是喜歡用「做事」來證明自己有價值。後一種勤勞，是用來服務他的「小我」的，如此會讓他自我感覺良好，進而再激勵自己主動付出辛勞。然而，倘若他不樂意，可能你撒嬌請他倒杯水都要狠狠給你臉色看。因此，戀愛之初，不要輕易就被對方的「殷勤」收買了，要冷靜評判這個人是否具備愛的能力。

很有責任心的人

對於個體而言，責任心絕對是一個優點。然而，倘若在戀愛中，他不僅對你表現出極強的責任心，而且也展現出他對原生家庭過度的忠誠和負責，甚至是束縛和牽制，你會因此感到安全感爆棚。可是，當你們成立自己的家庭後，對原生家庭的過度負責未必是好事。

很有責任心的人通常分為兩種：一種是真的有擔當，也有能力去負責；另一種則是因為害怕背負愧疚感和罪惡感才去負責。這兩者之間存在天壤之別，步入婚姻前一定要鑑別清楚你選擇的未來伴侶到底屬哪種類型。

如果對方是後者，那麼在將來的婚姻當中，他可能會因為沒有辦法忤逆父母，而盲目聽從父母的要求，犧牲小家庭的利益，讓你委曲求全，只為滿足自己原生家庭的需求。更有甚者，他會為了自己的親朋好友做一些比較出格的事，比如一時意氣替朋友出頭、不惜做連帶擔保，甚至不計後果承擔債務。結果可想而知，只會讓你們的小家庭不堪重負。

因此，戀愛之初，切勿被他超強責任心的假象所迷惑，你一定要審慎判斷自己能否承受這樣的愛人。

情緒穩定內斂、讓人有安全感的人

一般而言，這種類型的人是挺不錯的，和他共同生活會很穩定。然而，問題在於久而久之，你可能會覺得生活平淡如水、乏味無趣。

情緒平穩的特質也可能代表著一個人和自己的情感沒有連結能力，對喜怒哀樂的情緒感知能力沒有那麼敏感，因而有這樣特質的愛人和你的情感共鳴也會比較薄弱。

也許，他婚後和你探討的都是外界俗事，無關內心感受，抑或在你情緒起伏巨大時，他因為無法感知而表現得無動於衷，甚至你認為極為重要的事情，他卻毫不在意，反而認為是你在大驚小怪。

這種特質的人，與前面提到的富有同理心的人截然不同。和這樣情緒很穩定的人相處時，由於他沒有情感連結的能力，他很可能真的讀不懂你內心豐富的情感世界。於是，在相處中，他可能會不解地追問：「這點小事，你為什麼要大動肝火，為什麼要反應這麼強烈呢？」他甚至還會幫外人辯解：「對方這麼做，一定有他的苦衷，你為什麼要這麼在意？」

對於一個女性而言，自己內心的情感世界無法得到伴侶的支持和理解，這是非常糟糕的一種感受。也許有人已經開始在心裡打鼓：「伴侶到底該怎麼選擇？優點的背後都隱藏著問題嗎？」

如果對你來說，情感的支持很重要，而且這個支持必須要來自你的伴侶，那你就要評判一下自己能否忍受伴侶的情緒不穩定，例如稀鬆平常的情緒起伏、不時而來的焦慮和抑鬱，甚至有人還會表現出雙向的情緒特質。所謂「雙向的情緒特質」是指，他有時亢奮，有時又非常憂鬱，處於內斂、低落的狀態，他可以在情緒兩端無縫切換。

有雙向情緒特質的人在平時生活裡會比較有趣、極具吸引力，這與無趣、沒有情感連結能力的男人截然不同。然而，長久相處之後，這種有雙向情感障礙的人，情緒的起起伏伏真的會把你折磨得很慘。

你要好好評估自己的包容力和承受力，如果你平時比較敏感、容易受傷，不是一個能夠疏解內心、適應自己和對方情緒變化的人，最好要三思而後行。同樣，如果你需要一個情緒穩定內斂、讓人有安全感的伴侶，那你在情感連結方面的需求，就可能不會被具備這樣性格特質的人滿足。長久相處之後，你可能會覺得無趣到窒息。

當你需要被傾聽、需要情緒的出口、需要被人理解時，你的伴侶可能幫不到你。此時，你也可以去找閨密、好友、專業的諮詢師，求助那些非常懂得你內心情緒和情感需求的人，讓他們為你提供情緒價值。

當然，我個人認為諮詢師是不錯的選擇，因為他們除了能理解你、支持你之外，還能夠幫助你去看到自己、回觀自己，同時能夠幫助你整合自己內在各個不同的面向，獲得個人成長。

聰明、能幹又優秀的人

每個人都喜歡聰明能幹又優秀的人，不過這類人的另一個面向，一定是十分強勢，有自以為是、獨斷專行的特質。

因為這樣的人，早就習慣了在自己的世界裡，他是最好的、他是最對的，採用他的方法總能夠把事情做得很妥帖。那麼，和你結婚以後，即使兩個人還需磨合，他還是會單方面認為無須聽你的。處處優秀能幹的他，為何要接受你的方法和建議呢？為什麼就因為和你在一起，就要改用你的方式做事呢？

如果你想和他成為長久的伴侶，就要先看看他的個性強不強勢。當然也有很多人的確既聰明能幹，又不會表現得很強勢，更不會事事自以為是，雖然這樣的人鳳毛麟角，但現實中一定存在。這類優秀但不強勢的人，雖然習慣了以自己的方式行事，但是倘若對方坦誠告訴他，自己不喜歡他的行事方式，或者建議他有更好的方法，他們會願意放下身段，捨棄自己原有的模式，進而接受對方的觀點，站在對方的角度看待事情。

如果他們果真認同對方提議的方法，或者明白如果還堅持己見，會讓對方心裡很不舒服，他們一定會試著體諒伴侶的感受，採用不同的方式來處理事情。

因此，如果對方是聰明、能幹、優秀又具有同理心的人，他會願意理解你，盡量在一些事情上聽取你的意見，而不會獨斷專行。如果對方聰明、能幹、優秀但是比較自戀，他會覺得自己就是最好的，我行我素，斷然不會和你商量。

那麼，什麼樣的人既優秀又具備同理別人的能力呢？以我自己為例，我之所以具有能體貼別人又理解別人的能力，一方面源自天生的性格，另一方面則是因為我的母親比較強勢、獨斷，從小她就嚴格控制我，全方面掌控我的生活，讓我受了很多苦。當然，母親控制我的時候，也給予了我很多的愛，只是兒時我常常有個念頭：我寧可母親不要那麼愛我，離我遠一點、給我自由的空間！這樣的兒時經歷以至於後來我在自己孩子身上運用截然相反的親子關係模式，只讓他們覺得父母可以隨時被倚靠和提供支持，而不是無時無刻的掌控。

世界上的愛分很多種，獨斷的愛、掌控的愛、需索的愛、依賴的愛……有的並非健康的愛，但有一種愛叫作「支持的愛」，不只健康，還給對方滋潤、支持、體貼的感覺。

我期望在親子關係裡讓孩子感受到——媽媽始終都在這裡支持你，你需要我的時候，我會第一個跳出來。我不在乎這件事情造成的損失或是我有沒有面子，也不在乎其他人的看法，我在乎的是你，我的孩子，還有你的感受。

在伴侶身上，我也嘗試踐行這樣「支持的愛」。不管他有何遭遇，我都會第一時間關心他的狀態，跟他是有商有量地溝通，並因他的喜好和需求不同，盡量順應他的想法。

倘若你遇到的伴侶是不願意示弱的，那麼在他的關係模式裡，他會認為開口說出自己的需求、喜好，會被人誤解為主動示弱。此時，你要是絞盡腦汁猜測他的心思，會讓自己身心俱疲，最終只得乖乖投降。然而，假如你忽視他的需求、喜好，儘管以自己的方式做事，他又會感覺被冒犯，長此以往，你們之間的親密關係就容易出現問題，對雙方而言都會是一種折磨。

在親密關係中不願意示弱的信念也源自原生家庭，如果雙方沒有意識到這個問題，即使兩個人已經組建了新的家庭，原生家庭的影響也還是會如影隨形。

長相帥氣、性格又好的人

長得帥、談吐佳、善於察言觀色、女人緣特別好、深受歡迎的男人，自然是很容易讓人動心的對象，不過悄悄告訴女性朋友們，通常這些特質也是大部分渣男的標配。

這種男人的優點是討女人喜歡，異性緣特別好，缺點也恰好如此。有這樣特質配置的男性，就非常考驗他的本性：他的道德感是否夠強、責任心是否夠大、性情是否穩定、原生家庭塑造的價值觀是否正確，以及是否有足夠的能力約束自己。如果以上都沒有，或者缺失幾個，那麼他花心的機率就會很高。

我個人建議，如果你是一個對伴侶忠誠度有極高要求的人，也許欣賞一下他帥氣的外表就足夠了，和他戀愛結婚要千萬慎重。

幽默風趣的人

如果你特別喜歡談吐幽默風趣、說話自帶有趣調調的人，你要注意：他幽默風趣的特質也許需要有人捧場才會顯現出來，抑或僅在戀愛初期，出於彰顯自我的目的才會無盡揮灑。

當你們進入同吃同住同勞動、日復一日費心於柴米油鹽醬醋茶的親密階段時，他可能就不會再展現出這種有趣的特質了，因為那是一種需要引起別人注意、證明自己價值的手段，在日常瑣碎生活當中，尤其只與你共處一室時，他就不需要使用了。

如果你把「有趣」這個特質當成你愛上他、要和他結婚的理由，之後的狀況可能就會演變成：他對誰都幽默風趣，除了對你；抑或他什麼時候會對你展露幽默的一面，全看老天的垂憐。心情好時，他可能報以一笑而過的幽默；如果心情不佳，你能看到的就只有他故意擺出的臭臉。這個時候，你會感到非常失望。

然而，如果幽默過頭，就會變成油嘴滑舌，全然看不到真誠。在熱戀期，你的感受可能不會那麼強烈，但久而久之，尤其年邁時，他從前的幽默風趣，在你眼裡只會是油膩不堪、令人不適。

如果只是純粹談戀愛，幽默可以充當情感關係裡不錯的潤滑劑。婚姻生活並不能全然依賴這種感覺，因為對方的幽默供應，是你無法掌控的。單憑幽默有趣，日子也是過不好的。

如果你還是因為對方幽默風趣，就決定選擇他做你的結婚對象，我建議你需要更加全面地看待這個人。他除了幽默風趣之外還有什麼優點？他是不是你理想的伴侶？並且你要想好如果日子久了，當幽默感變成油膩感，你還能不能接受？

明理賢慧有教養的人

這樣的人識大體、顧大局，懂事、家教好，做事中規中矩，似乎一切條件看上去都很適合結婚。不過這個優點的另一個面向是——他可能不太有趣，甚至極其無聊，因為這樣的人從小被要求懂事、乖巧、循規蹈矩、為他人著想、顧全大局等等，被家族傳統的道德價值觀影響至深，內心深處甚至懷有害怕別人不喜歡自己的恐懼感。

他們有可能自我封閉得比較厲害，遵循的是「乖乖牌」的模式，因為沒有太強的探索變化的動力，通常表現出來的外在狀態會比較無趣、不性感，對異性也沒有很大的吸引力。更糟糕的版本就是，他還動不動拿自己的道德標準來審視你、批判你，妄圖成為你的「人生教官」。

如果你選擇和這樣的人結婚，就需要在日常生活裡把婚姻當成一個公司去經營，循規蹈矩度日。有話直說、有事就做、一起運營、共同盈利，不會有太多有趣浪漫的事情發生，至少不會因你的伴侶而發生。

倘若你做得到的話，這樣的人是可以接受的，並且婚姻生活還會比較穩定。不過，對於有些人來說，有趣、魅力和活力才是婚姻關係裡的必需品。我個人建議，大家在婚姻裡面，可以把這部分的要求降到最低。因為無論他是多麼有趣、有魅力、有異性吸引力的人，在和你朝夕相處十年後（當今的情況可能都不需十年了，三年之癢就會來臨），都會變得平平無奇。你看他是如此，他看你也一樣，這就是現實。因此，婚姻強調的是務實，戀愛的對象和結婚的合適對象，往往會是不同的兩個人。

總之，我們在審視結婚對象的優點時，要稍微多花一點心思、多一份覺察，瞭解他優點的反面可能會是什麼，並評判一下自己能否全盤接受。

人的內在是一個綜合複雜體，一個人往往會具備以上九個優點中的多個特質，所以你一定要全面地去瞭解他、觀察他之後再做決定。對任何事情而言，在開始前多花點心思去琢磨，之後再採取行動，這樣一定會提升成功率，婚姻大事也是如此。

總之，本章節的內容絕非為了讓你永遠單身，把看起來不合適的人都淘汰掉，而是讓你明白人無完人，結婚前一定需要做明智的取捨。在親密關係裡，瑕瑜互見是選擇伴侶的必修課。

你不能太貪心什麼都要，有時分散自己的需求才能更好地經營自己的婚姻。比如，情感價值的需求，可能轉向閨密、寵物、孩子來獲得。至於心靈層面的理解，可能要找志同道合的朋友，來探索人生更深層次的奧秘。倘若你喜歡戶外運動，但伴侶不喜歡，你也可以找興趣相投的朋友。切勿把自己的生活和心理需求全都依附於一個男人身上，只有這樣才能找到對你而言最適合的伴侶，並擁有美好的婚姻。

・自我練習3・
寫下伴侶優缺點
變化對照表

・冥想1・
沐浴在感恩
和讚賞的力量中

Chapter 4

親密關係的協商

想要白頭偕老的婚前協商

步入甲子之年之後，我發現一段幸福的婚姻需要雙方在婚前做好充分的溝通和準備。很多夫妻正是因為在婚前沒有就原則性問題達成一致便貿然步入婚姻，最後弄得婚姻危機重重，關係也面臨破裂。

其中，「婚前協議」是極為重要的，你要與伴侶謹慎溝通、達成共識（並非要完全一致，有時我們也需要彼此協調、讓步、做出妥協，甚至犧牲）。

有人可能會擔心還沒結婚就簽協定（也可以是君子之約，只是口頭討論、雙方理解）會傷害感情，但並非全然如此。因為有些事即使婚前協商好了，也並不表示對方就會依照約定去做，這是無奈的現實。不過，婚前的協商過程會幫助你更加認清他是什麼樣的人，以及結婚後你將面臨什麼樣的狀況。

以家務的分配為例，即便你們婚前協商一致，婚後由他負責洗碗、打掃房間，由你負責買菜、做飯，待真正步入婚姻後，如果他根本不喜歡也不情願做這些事情，即使曾經答應過你，他也可能臨時變卦。起初，他或許態度謙卑，會找各種理由和苦衷，辯解自己為什麼不能實現婚前的承諾，不惜跟你撒嬌、耍賴，看起來甚至還有點可愛。然而，隨著時間的推移，每日面對生活的柴米油鹽醬醋茶的瑣碎，你對他的不作為只會愈來愈不滿，而他的臉色也會愈來愈難看，他的每一個行為似乎都在對你表達不滿——我就不做，看你能把我怎樣？

因此，婚前協商這些事情，並非只是提示你做出婚前協議的動作，而是藉由這個過程，讓你喚醒自己的理智腦，評判此人是否真的適合和你步入結婚。

假如某位男士在婚前就直白地和你說：「生孩子、做家務都是你的事情，你不僅要出去賺錢，還要好生伺候我，而我是不可能跟你分擔任何家事的。」那麼，你會考慮嫁給他嗎？

又或者，某位女士也在婚前毫不掩飾地說：「我不生孩子、不做家務，也不出去掙錢，你要供養我，給我買最好的化妝品、奢侈品、生活用品，倘若你不能滿足我，我就另覓他人，跟你離婚。」那麼，你會考慮娶她嗎？

當然，結婚之前很少有人會如此坦率直白，但是在商議這些事情的過程中，如果你帶著理智而清醒的頭腦，就可以分辨出對方究竟懷有多大的誠意去實踐你們婚前協商過的內容。

婚後的生活是消磨人的耐心的。如果你們只願意享受相愛時的美好，卻不思考和探討婚後的一些現實問題，那麼這段婚姻可能終會讓你們變得心累和沮喪，若財務狀況不佳，更是雪上加霜。

試想一下，當妻子滿心期待下有了寶寶，日常開銷卻捉襟見肘，既沒錢請保姆，雙方父母還沒時間來幫忙，丈夫又以工作為由光說不練。如此境地下，妻子可能會選擇回歸家庭，獨自撫養孩子、承擔家務以及照顧雙方父母，一人負起家庭的全部後勤保障。此時，不只家裡的任何人都會給你提要求、挑毛病，等到孩子年紀稍大一些，還會面臨被催生二胎的窘境，這種婚姻生活想想就令人窒息。

婚前經由協商的過程至關重要，可以評斷你選定的伴侶是否適合結婚，有沒有足夠責任心與你一起經營好婚姻這個家庭公司。與此同時，在協商的過程中，也希望你能冷靜一下，緩解自己戀愛昏頭的衝動，好好想清楚這些現實的問題後再決定是否邁入婚姻。

現在的年輕人頭腦都非常清醒，以至於結婚率大幅降低。有一個美國的婚姻專家名叫約翰·高特曼，他曾經說過：婚姻中70%的問題都是無解的。這句話聽起來有些悲哀，但更深層的意思是——婚姻中70%的問題雖然無解，但可以透過包容、體諒、理解、讓步、妥協，甚至是犧牲來化解。這就是婚姻的真相，聽起來很無奈，卻很真實。

想擁有好的婚姻，首先就要瞭解並接納這個真相，不要飛蛾撲火，而是三思而後行。有人說，好的婚姻就像是擁有千萬家產一樣，是非常難得且稀有的，偏偏結婚的人似乎都帶著買彩券的僥倖心理：即使中獎的機率很低，我也可以試試。然而，婚姻中付出的代價要比買彩券要大多了，需要我們謹慎小心，提前作好心理準備。

作為一個過來人，我選出下面十種婚前協商的方向供你參考，希望可以給你一些啟示，少走些我走過的彎路。

對生命的展望和人生觀是否互相兼容

你們對生命是否懷有同樣的展望？雙方的人生觀是否相同？在未來的人生裡，你們各自的發展規劃是否有重合之處？

首先，雙方對於人生的展望不需要完全一致，但是要相差不大且互相兼容。比如，當你告訴伴侶自己未來的人生規劃時，雖然他和你的短期目標不同，但是他會選擇理解並支持你，這就足夠了。人生展望不是一成不變的，如果兩個人二十幾歲時就認識，歷經談戀愛、結婚、生子的人生歷程，雙方都步入三、四十歲時，人生依舊存在變數。甚至如我，如今已六十歲了，生命還在歷經成長與變化。

我們無法預測自己的人生，只要夫妻各自對生命的展望不要相去甚遠，彼此能相互兼容，並一直支持對方的意願，就已足夠。

其次，雙方要有共同的興趣愛好。比如，兩人都喜歡運動，可以一起爬山、打高爾夫，或者都崇尚養生，可以一同禪修……共同的興趣愛好會為日後夫妻同吃同住同勞動時無趣、沉悶的日常生活帶來很多滋養，也會成為感情中良好的潤滑劑。

倘若雙方沒有共同的興趣愛好，隨著時間的推移，你們之間會因為缺少必要的互動而疏離，雙方可以一同探討的話題也會日漸減少。

在共同愛好這件事上，還有必要探討下雙方的交友方式，以及你們的生活中是否有共同的朋友。如果你們互相看不慣對方的朋友，在交友上楚河漢界各不相干，那你們就要提前做好約定：可以允許對方看不慣自己的某個朋友，但不可因為彼此的喜惡就迫使對方捨棄自己的朋友圈，這樣只會導致雙方失去自我，無論是婚姻生活還是各自人生都不會快樂。

然後，還有一件非常重要的事情需要約定，那便是雙方是否都能擁有各自獨處的時間和空間。生命的本質是要學會獨處，在人生不同的發展階段，獨處都發揮著極其重要的作用。兩個人結婚後，必然有很多事情需要共同面對，姻親的往來、家務的操持、孩子的撫養等大小事。試問一下，除卻繁重的家庭生活交集外，你們各自需要多少獨處的空間和時間呢？雙方能否達成一致呢？

一般情況下，大多數男性都希望個人獨處的時間和空間較多，至少比老婆能給自己的要多。有些女性也有這樣的需求，但是苦於現實的原因，往往是求而不得。就像我自己，走到如今的生命階段，我期望的獨處時間和空間能達到70％以上。我並不想要和一個男人朝夕相處，侵占更多的個人時間和空間，除非雙方真的非常契合、相處融洽。

在婚前，你們要各自為自己爭取獨處的空間和時間，這一點非常重要。倘若你只希望二十四小時都和對方耳鬢廝磨、相互依賴，那麼我可以斷言，你們的婚姻一定會有不可預期的狀況出現，而且你也一定會經歷巨大的失望和痛苦。倘若你此刻沒有獨處的需求，請你去發展這個需求，這對你個人將來心理的健康以及婚姻的穩固都大有裨益。當我們能獨自進入心流的狀態，享受自己獨處的時光，這就說明你更能擁有讓自己幸福的能力。

最後，還有一件事需要探討——你認為他和異性相處的安全距離是什麼程度？如果對方和前任還保持著聯絡，你能坦然接受嗎？假如他要和前任見面，你會提出什麼要求？倘若他和前任有共同的孩子，在談論孩子的問題時需要一起吃飯、互動，那你認為他們需要保持在什麼範圍內的安全距離……諸如此類的具體事宜都需要先去瞭解，取得共識，讓他建立邊界感，才不至於讓上一段的關係影響到你們之間的感情。

情緒處理的方式是否達成一致

情緒的處理方式在婚姻中是命脈一般的存在。因為在關係中，當你不高興時需要伴侶用什麼方式去安撫你，決定了你們將以什麼模式攜手度過彼此生命的低潮。

大部分男人在有情緒的時候，都需要擁有一個山洞，讓女人留給他獨處的空間和時間。他需要進去躲一躲、療癒創傷，待重整旗鼓後再出來面對這個世界。倘若妻子此時不但不放過他，拚命糾纏，還單方面期望陪著他一同解決問題，只會讓他徒增煩惱。

男女之間的情感需求截然不同。大部分女性在有情緒的時候，需要的只是一個樹洞，來訴說、宣洩，獲得情感的支持、理解、陪伴和照拂。如果男人抗拒當妻子的樹洞，還喜歡講些冠冕堂皇的大道理甚至以此糾正對方，只會給她火上澆油。

因此，雙方在婚前務必要溝通好，當發生衝突或是個人負面情緒爆發時，我們要如何化解個人情緒，以及對方應當如何予以安撫。在協商的過程中，男人要說清楚自己獨處的需求，女人也要講明白自己需要有人傾聽的情感訴求。如果對方無法滿足，有什麼可以替代的方式呢？比如女性可以選擇和閨密去散步、吃飯、遊玩等，代替和丈夫傾訴尋求安慰。

有些女性已經習慣性找男人訴說，說到那個男人繳械投降，即使連連認錯還是不放過他，甚至刨根究底問他到底錯在哪裡。其實，一次認錯並不代表這件事就過去了，之後吵架時女性還可能翻舊帳，再次確認對方悔改的心意，可是長此以往只會把男人愈推愈遠，讓他開始對妻子心生畏懼。

的確，在情緒處理的方式上，似乎是廣大男性為難的時刻比較多。因為當男性有情緒、需要獨處的時候，女性通常不會放過你，而硬要繼續關照你、黏著你、安慰你。而當女性有情緒的時候，卻希望男性可以留在她身邊，安撫她的情緒，讓她黏住你、依賴你，甩都甩不掉，因此，這對男性而言更是一門不容易修煉好的功課。

我們都是成年人，需要各自為自己的負面情緒負責，一味地把負面情緒發洩在對方身上，要對方來緩解你的不安全感，減輕你的焦慮，這是不公平的，對婚姻關係也是百害而無一利的。

生活作息是否一致

在結婚前也很有必要和對方溝通好生活作息的時間。如果你們一個晚上十點鐘就要準時上床，另一個則凌晨三點半才勉強睡下，而且在作息時間上，還不能互相妥協，久而久之婚姻也會因此出現罅隙。

我有一對夫妻朋友，他們曾因生活作息不同鬧得相當不開心，後來因為買的房子面積夠大，就乾脆選擇分房而睡，這個問題才告一段落。如果你們的經濟條件不充裕，只有一個臥室決定了必須同床而眠，那麼在作息時間差異極大的情況下，就要學著互相接納，並且有技巧地去溝通和解決這個問題。

記得有位女明星接受採訪時曾說，她前夫都是白天睡覺、晚上工作，這樣就完全沒辦法抽出時間陪伴孩子。她常常出言嘲諷、攻擊她的前夫：「人家很多大明星都要工作，怎麼就你有這個毛病呢？」這樣的溝通方式可能不是特別溫柔和帶著尊重的，後來她回憶至此都覺得十分可惜，她承認如果自己那個時候能更懂得溝通的技巧就好了。

其實，好的溝通只有一個技巧——**不帶情緒、不帶期望，這就是最好、最有效的溝通**。如果你正處於一肚子氣無處發洩的狀態，那麼此時你根本沒辦法做到好好溝通，即使你之前花了重金學過溝通的課程，只要你是帶著情緒的，就沒辦法順利使用任何溝通技巧。

如果你是帶著期盼的，表面上保持溫柔的姿態、不帶任何情緒的狀態在溝通，其實是笑裡藏刀，有一定的殺傷力。你只想要對方聽你的，並懷有一定的期望要他去完成，當對方也感覺到這種溝通背後昭然若揭的期待，他會感覺不舒服，更不會心甘情願地配合你。

因此，有效的溝通真的非常簡單，就是既不帶負面情緒說話，亦不會責備和抱怨，這樣的溝通才是真正的良性溝通。至於你內心的不滿、委屈，你一定要自己找方法去化解，學會撫慰自己，切勿把負面情緒帶入兩個人的對話之中。

舉個很常見的例子，假如你生病臥床休息，老公則窩在沙發上低頭玩手機。你心裡很想要他來陪你，期待了很久，等待了很久，醞釀了很久，最後說出來的話卻是：「你為什麼那麼喜歡打遊戲？放下手機會死嗎？」聽你這麼一通抱怨，你老公肯定會不高興，你也不會如願以償。

如果在溝通之前，你就想清楚自己的目的就是要老公過來陪自己說話，那你可以帶一點撒嬌的語氣說：「老公，等你手機玩到一個段落，可不可以來陪我一下啊？我一個人生病躺在床上好可憐啊……」絕大多數的男人在聽到你的訴求後都會欣然答應的。

在感情裡，懂得示弱的女人是有福氣的，這是「我需要你」的另一種表達。年輕的時候，我是不服管的性格，不懂得在感情裡適當示弱，因此吃了很多虧。因此，如果你是一個性格很剛硬的女人，要試著學會示弱、撒嬌，於此你的親密關係也會得到蛻變昇華。

婚後住處以及父母同住問題

通常年輕人結婚時都會先購置好婚房，避免與父母同住。然而，結婚一段時間，孕育了孩子後，可能就需要父母共處一個屋簷下，幫忙照顧。這個時候，誰的父母要來幫忙？你們和老人的生活理念能否兼容？之後，孩子的教養方式、吃穿住行、就讀學校等一系列問題就鋪天蓋地而來。因此，最好彼此能在婚前就達成共識，並且約定好解決問題的方法。

現在坊間的所謂教育機構流傳著各式各樣的教養方式，你們是決定採取完全放任式的教養方法，還是父母與孩子之間有邊界感的適度教養呢？是聽從老人的傳承方法，還是依照自己現學的方式呢？生活上，需要嚴格把控孩子的三餐和睡眠時間，還是完全視孩子自己的需要決定呢？

男人通常對這些問題都毫無概念，他們說得最多的答案就是——隨便，我都可以。因此，作為女性，要明確自己的想法，在討論的時候直接提出自己的需求，詢問他是否同意即可。面對此情況，你要學會先給對方種下種子，讓他對未來可能發生的狀況作好心理準備，這樣彼此才不會因為孩子的教養方式等發生爭執和矛盾。

也許有的人還很年輕，對於我提出的這些瑣碎小事並不會有太多的感觸，但婚姻真的是一件細節決定成敗的事情。婚姻生活裡那些看起來毫不起眼的細節，很可能成為壓垮婚姻的最後一根稻草，所以婚姻中萬事都要謹慎小心。

度過節日和假期的方式

這是一個會導致婚後出現嚴重分歧和矛盾的議題，一定要提前約定好。如果雙方的觀點不一致，又互不相讓，那就要想清楚自己要不要妥協。這裡我需要提醒的是，除非你的妥協是心甘情願的，否則要事前三思。要不然，當事情已成定局，再彼此爭吵、互不相讓，只會耗費心力、傷害夫妻感情。

雙方的金錢觀

好的婚姻一定要學會談錢。在婚前，你們需要探討一下雙方對家庭的開支、個人開銷、對金錢的態度，以及婚後在金錢方面支持原生家庭的態度和程度。

很多夫妻因為一方對原生家庭過度付出和照顧，而引起嚴重的爭吵和矛盾，甚至鬧到離婚。比如，你老公的兄弟要來借錢，借不借？借多少？要不要跟你商量？你老婆的弟弟要買房，需要她出錢，出不出？出多少？要不要跟你商量？兩個人對花錢的態度是不是一致的，會不會一個過於節儉，一個大手大腳？兩個人會不會都花錢如流水，變成月光沒有積蓄，以致沒錢生孩子？家庭積蓄怎麼積累，家庭用度如何計畫？這些問題裡面包含著一個龐大的資料庫，都是雙方婚前需要事先說好的。

以前，我和前夫談到錢的分配問題時，他表現得非常霸道。我只是希望每個月拿一點錢回家孝敬父母，他卻並不同意，理由是——我們結婚了，現在這是我們的家，這是我們的錢，你已經沒有你的家了。

當時，我們因為這個問題吵得很兇，但是已然到了結婚前夕，我內心感覺非常無力。倘若因為這件事取消婚禮，看起來是很不明智的決定，所以那時的我選擇了隱忍。時過境遷，我非常後悔當時的自己沒有足夠的智慧去為自己劃定界限，亦沒有挺身而出為自己爭取權益。我當時應該如此質問他：「既然這是我們兩個人的錢，為什麼你要一個人決定怎麼花？」

可是，那時的我好像潛意識裡受到了封建文化的影響，有著男尊女卑的想法，好像在婚姻裡就應該老公說了算，而且他賺錢確實比我多，以至於當時沒能據理力爭。後來，我們因為金錢觀念的不同，還發生過很多的紛爭。每一次的爭吵，都在一點一滴地消磨我對他的愛和感情。如果你不想像曾經的我一樣，後悔結婚或者在婚姻中過得壓抑委屈，金錢的部分一定提前談清楚、談明白。

此外，嫁給鳳凰男的千金女出現婚姻悲劇的例子也很多，雙方貧富懸殊，富有的一方心胸寬大、太過扶貧對方和他家庭的結果，很可能是對方的不知感恩、理所當然、甚至是過度貪婪。在親密關係、閨密關係、父母和子女關係中，我自己就是一個過度大方的人，一直都試圖用金錢換真心，但是從未達到我的預期。只要你心中有期待，希望對方因為你的大度而做出一定的回應，結局都不會如你所料。

當我年事漸高、累積了一定的智慧後，我才慢慢改正了自己的這個行為模式。我學會了拿捏分寸，學會了設立邊界，也學會了放下期待，即使這樣做會讓對方失望、不高興都在所不惜，因為只有這樣，我與周圍人的關係才會有明顯的改善和進步。

家務的分配方式

在結婚前，你一定要就家務的分配、房間整潔、衛生的標準和伴侶進行溝通。這些問題上存在分歧，也會造成婚後矛盾不斷。

我的第一段婚姻的失敗也與此有關。那時我初入職場，工作異常繁忙，又不擅長做家事。我的第一任老公非常大男人主義，他竟然信誓旦旦地說：「這些家務應該是你要做的，如果你不做，請其他人來做，那麼請保姆的錢就要你來支付。而且，我本來計畫的是，你不用上班，我來養你，可是你不肯聽我的話，那麼理所當然這個錢就應由你來支付。」

之後，但凡涉及家用的開銷部分，我都盡量用自己的錢支付，以免看他的臉色。最終，我的薪水差不多消耗殆盡，等到離婚時，我幾乎淨身出戶。當時二十多歲的我很有勇氣，在與那麼富有的男人離婚時，竟然沒有拿他分毫，自己就毅然決然地遠赴美國，開始拮据的留學生活。

我的第二任丈夫在家務上也不肯讓步，一直不願意請住家保姆來分擔，甚至在我生了孩子以後依舊不同意。那時，我兒子經常半夜醒來喝奶，我睡眠一向不好，那段時間精神瀕臨崩潰。他實在看不過去，才勉強晚上幫忙照顧兒子，可是白天他也要工作，短短幾天後他也幾近崩潰，最後我們才痛定思痛，請了一位專業的住家育兒保姆。至此，家務的矛盾才得以順利解決。

每個家庭的情況不一樣，並非所有家庭都有這樣的經濟條件。作為過來人，我的經驗是結婚前這些事情都要先想好、溝通好、約定好。畢竟有的人對家裡整潔的要求標準高又不動手，還不願意花錢找別人幫忙，所以婚前充分的溝通和準備至關重要，否則好不容易組建的家庭會因為家務的瑣碎矛盾而風雨飄搖。

此外，還需考慮一下你們對於房間整潔和衛生的標準是否存在差異。如果你的標準很高，請勿要求對方完全配合你。在和你結婚之前，他已經過了幾十年自由自在的日子，那麼為什麼要在和你結婚之後，他就要打破自己之前的生活呢？這是不合理的。
對於這方面的衝突，如果有條件就用技術性的方式來解決，比如請打掃公司上門服務，抑或保持各自的私人空間相對獨立，互不干涉。倘若不具備這樣的條件，就要事先約定好雙方的底線在哪裡，出於愛意和尊重，雙方能夠相互體諒包容到什麼程度。

對性的態度

性對婚姻而言是情感的紐帶，亦是不可或缺的潤滑劑。
婚前，有必要相互瞭解一下你們對性的興趣度。對性沒有興趣的人，婚後只會更沒有興趣。如果婚前你發現對方的性需求比較強烈，可是你自己處於很平淡的狀態，你們就要協商出方法，讓對方的需求有個出口。當然很多夫妻的性關係不和諧，也是因為背後存在一些認知的錯誤，可能還有需要療癒的部分。

對信仰的態度

倘若夫妻雙方的信仰不同，這是沒有問題的，只要保持各自獨立，不要干涉彼此，既不要互相批判、言語攻擊，也不要試圖說服對方改變自己的信仰。

當然，雙方的信仰能夠達成一致是最好的。因為在漫長的婚姻裡，在磨人沉悶的時光裡，有一些共同的興趣喜好和一致的信仰，可以激發人的一些興奮點，感覺到我們是一致的、高度和諧的，這樣的感受在婚姻生活中挺加分的。

對離婚的態度

在婚前要討論的最後一件事，那就是：萬一要離婚，婚前彩禮、家庭婚後共有財產的分配、孩子的撫養權等，這些在結婚前就要提前約定。

有的人可能會說，還沒結婚就討論離婚，是不是不太吉利？不，這恰恰很吉利。未雨綢繆是為了讓婚姻更加穩固，向著更好的結果發展。如果你們的感情很穩固，這一條建議你用不到，那自然是好事。如果你們真的不幸走到了離婚這一步，既然婚前都已約定好，就不會為此糾纏不休，傷害彼此的感情，雙方都能省時省心一些。

在國外，人們結婚前都會簽訂婚前協議，這是對雙方都有利的保障。婚前協議讓兩個人不論在經營婚姻的過程中還是萬一要面臨離婚的時候，都不會產生過多的爭吵，能夠大大省去雙方要為此耗去的精力、時間和能量。

以上十大事項就是我想跟大家分享的，婚前必須協商的全部內容。

婚姻是需要謹慎小心經營的，踏入一段婚姻關係意味著兩個人都要做出很多的反思、覺察，甚至自我檢討。只有這樣，才可以在婚後避免陷入很多常見的誤區。

婚姻是最好的修行道場，也是最能讓人原形畢露的領域。在和對方探討這些婚前需要協商的事宜時，你可以明確自己的需求是什麼，看看對方能否滿足你的需求。倘若不能，你是否可以做出讓步妥協，對方又是否能夠配合退讓。這也是一個雙方認識彼此、看清彼此的過程。

當我們的內在成長了，就能以更具智慧的洞見和覺察去看待這些無解的問題，並能避免很多的痛苦和紛爭。看清婚姻的真相，絕非為了增加我們內在的恐懼，而是更好地提升我們對婚姻的把控力，進而增加我們擁有幸福婚姻的機率。

· 自我練習4 ·
看見你親密關係中的
「不完美」

Chapter 5

親密關係的階段

藉由親密之輪瞭解關係之道

所有的親密關係都有一個叫「親密之輪」的發展階段，可以細分為五大階段：浪漫期、鬥爭期、整合期、承諾期和創造期。

當我們真正看清了親密關係裡的這五個階段，並且能夠學會如何去看待和應對，那麼關係裡的很多問題都會迎刃而解。

浪漫期

親密關係都是從浪漫期開始的。剛墜入愛河時，荷爾蒙的分泌最為旺盛。在這個時期，人們彷彿透過粉紅色的濾鏡去看待對方和這個世界，周遭的一切都縈繞著淡淡的粉紅色。

你會痴迷於被一個人愛著的感受。當生命中突然多了一個人支持你、鼓勵你、愛你，你的心情定然十分愉悅。這個階段也被稱為「黃金投射期」，那是因為你會把自己所有美好的想像都投射在對方身上。

浪漫期大概能維持三個月到三年不等，這個時間長度取決於兩個人在一起的頻率、相處時間以及各自的性格等。如果在浪漫期過於投入，你會經歷一個相當耗費能量和氣力的過程。如果你每天隨時隨地都想著對方、盼著見到對方、要跟對方產生連結，否則就會感到空虛痛苦，那麼這段關係很快就會因為沒有後續力，開始出現諸多問題。

想要彼此愛得長久，收穫一個圓滿的結果，就需要懂得收斂心力，不能一門心思往前衝，太任性或太貪婪都對彼此無益。學會適可而止，是我勸解在熱戀中男女的「六字真言」。

親密關係中，真正需要重點發力的是後面的四個階段。因為隨著關係的深入，浪漫的情愫會逐漸減弱，兩個人會因為價值觀、個性差異還有現實層面的種種問題，逐步袒露出真正的本性。甚至隨著兩人進一步的熟知和瞭解，以及相處時間的增加，彼此會開始對對方的某些缺點心生厭惡。

鬥爭期

當在關係裡產生了彼此厭惡的感覺時，你們的親密關係就進入到了鬥爭期，也叫作磨合期。

這個時期的特點是——雙方容易產生很多衝突，三觀不合的地方逐漸顯現，彼此意見不合、互相看不順眼的情況屢屢出現。此時，如果想繼續這段關係，就需要好好開始磨合。

親密關係中的鬥爭期可能會出現以下三種情況：

❉相互攻擊與防衛

在親密關係的鬥爭期，攻擊性比較強的那一方會出於不滿而率先發起攻擊，另一方則順勢開啟防衛模式。

一開始，另一方或許會耐著性子來安慰發起攻擊的一方，或者為了彼此的和諧而稍做改變。可是，久而久之，當容忍度達到極限，吵架、冷戰就不可避免。

我常常說，在親密關係裡，期待一個人改變自我是件很難的事情。我們要理解人性、尊重人性、接納人性。對方已然按照自己的為人處世方式和習慣生活了幾十年，你非要他委屈自己成為你想要的樣子，這簡直是天方夜譚。即使對方暫時遷就你，他也定然本性難移，無法長期偽裝自己。

因此，若想平穩度過親密關係中的鬥爭期，我們一開始就要認清對方的為人和處事方式，並充分理解和尊重他。我見過有太多人在親密關係中並沒有做到真正尊重對方，因為任何人之間的關係一旦變得親密，似乎尊重的需求就會漸漸被淡化。

那麼，為什麼我們做不到尊重對方呢？

最大的原因可能是個人修養的問題。很多人可能生長在一個發生矛盾會互相嘶吼、一言不合就粗魯無禮的家庭，之後上學、進入社會工作後，可能逐漸意識到自己平時的態度會招惹麻煩，所以會刻意收斂一下心性。

然而，進入親密關係之後，一旦雙方都進入了舒服區、習慣了彼此的存在，個人最根深蒂固的「德行」就會占據上風。倘若你從小就沒有被父母尊重過，內心會感覺非常自卑匱乏，受此影響，你也很難在自己的親密關係中做到對伴侶的尊重有加。

有些原生家庭的溝通模式就是從來不好好說話，總是帶著負面情緒去抱怨、責怪、咒罵、攻擊，在這樣的家庭長大的孩子，真的需要很強的覺察力，才能扭轉之前的慣性溝通方式，打從心底開始願意做出改變。

第二個原因可能是：你太過執著於自己的需求，太過「較真」。你內在可能有些很強烈的需求，強烈到你不願意去管理它、壓制它，而它又迫切地需要被滿足。

比如，在原生家庭中沒有得到很好的重視和關愛，而你又迫切地需要在戀愛中找回那種被愛的感覺，於是你就會把這些索求全部強加在對方身上，希望他為你提供你想要的一切、彌補你兒時的缺憾。如果對方做不到，或是一開始配合演出做到了，後來放鬆了、懈怠了，你會產生很多怨氣，自然無法做到尊重對方。

太過執著於自己的需求，會造成你們在戀愛鬥爭期發生一些比較慘烈的衝突。

❈ 關係中的一方開始逃避或否認

當關係中的攻擊與防衛進展到某種程度時，其中一方可能就要開始逃避或否認了。這時，你會發現兩個人的關係不像以前那麼甜蜜了，他有點刻意逃避，只因為他害怕你隨時都可能爆發的負面的、攻擊的情緒。

如果他不想繼續這段關係，就會逐漸開始變得冷漠、刻意疏遠你。如果他仍想繼續這段關係，他會開始換上面具，違背自己的本性，變成一個表裡不一的人。你要注意的是——如果對方開始愈來愈常表現出逃避和否認的態度或行為，那麼就表示在這段關係中你是步步緊逼的那一方，而他迫於你的威懾，已經開始退縮和逃避了。這種情況在「東方式」的親密關係裡十分常見，一般都是「女人追，男人逃」的模式。

那麼，為什麼會有人喜歡對自己的伴侶步步緊逼呢？這個行為的本質是為了滿足自己的欲求，因為他沒有時時隨聲附和你，沒有用欣賞的眼光仰視你，沒能多花時間陪伴你，沒能最大程度表達出對你的激情和痴戀，沒有按照你預想的心動方式對待你，你就會有「需求不被滿足」的怨懟，會想要瘋狂地從外界抓取，內心也變得十分執著於這份不滿。這時，你就會變得咄咄逼人，開始對他發起猛烈的攻勢了。

然而，這樣的做法通常只會把你的愛情和你的愛人踢得更遠。作為成年人的我們，其實不需要用這麼幼稚的方式去討愛，以試圖證明對方是愛你的。因為你身上那些驕縱、任性、自我中心的部分，換作任何人都很難長久地去接納和包容。

如果你秉持的心態很決絕，倘若這個伴侶不能包容我的性格，不能滿足我的需求，那我就另覓他人，那麼接下來你就會無比困擾地發現：為什麼每個人在浪漫期都能達到我的要求，但是一旦這個階段過去，他就完全變了呢。

其實，這就是人性，也是人之常情。

雙方以真誠表達的方式產生相互的連接

這種情況是比較好的，也是平穩度過鬥爭期最理想的狀態。彼此經過磨合成長之後，能夠自我負責並且敞開心胸和對方產生連接。

其實，我們在鬥爭期的每一次衝突中擦出來的火光，都能夠成為我們感情升溫的助力，而不是讓我們彼此怨懟的理由。在衝突爆發時，說出自己的真實感受，比如我真的想一走了之、想大吼大叫，甚至想痛打你一頓（說出來就可以了，不用真的去做），對彼此增進情感大有裨益。

這麼做是為了讓你把注意力放在自己當下的那個感受和想做的事情上，以此來發洩和釋放自己心中積聚的怒氣。與此同時，要讓對方知道你不是針對他個人，只是真的很想發脾氣排解一下，也要讓他知道此刻你覺得自己不被愛，與他無關，這是你個人的問題。現在發生的這一切，其根源是因為觸碰到了童年的創傷，所以你需要有個途徑來釋放和發洩，要真誠懇請他的理解。

磨合的目的是為了和對方產生有效連接，而不是要去攻擊他或責怪他，亦不是為了要逃避或者退縮。只是純粹地告訴他你的真實感受，這樣他才能有機會看見你內在的創傷按鈕，也才不會致使你們的關係陷入互相指責的循環裡。

他一定能深切理解你的苦衷。一個人只有在不被責怪的情況下，才會願意去理解別人、檢討自己。否則，在你狂風暴雨的情緒指責中，他的能量和注意力就會全部都用於自我防衛，甚至反擊上。

因此，先去面對、承認、釋放自己的情緒，再和伴侶深度溝通，以這樣的方式處理鬥爭期的矛盾就可以讓親密關係進入良性循環中。你們也不會因此爭吵不斷，至少不會變成一對怨偶，甚至還可能相互支持、相互成就，從而相互療癒、相互成長。

在親密關係中的鬥爭期，還會有一些典型的行為表現。希望你們能夠見招拆招，當然前提是要先清晰地認識到這是鬥爭期中的常態，是彼此獲得自我成長的絕佳機會。

❖ 一、偏差行為——雙方可能都會做出一些特別出格的事情

也許只是因為一點小事或些許不滿，一方就開始又吵又鬧、情緒一發不可控制。出現這種偏差行為就表示，他在這份關係裡有很強的安全感，認為可以毫無顧忌地把自己的真情實感流露出來。

我認識一對離異的夫妻，兩人年齡相差二十多歲。女方有點情緒失控的問題，性格霸道、蠻橫，情緒爆發時會歇斯底里不受控制。可是，在他們交往的兩年裡，這位女士連吃飯都要趁機坐到男方大腿上撒嬌，而且從未發過脾氣。結婚以後，男人的噩夢就來了。吵架時，女人嘶吼的聲音大概整條街都清晰可見，無理蠻橫的程度著實驚人，連男人罹患癌症的成人兒子都不能來他們擁有二十多間房的民宿暫住，即使再病重也沒辦法讓父親照顧一二。

當兩個人的關係穩定，尤其是結婚領證後，有些心理不太健康的人會覺得：我多年壓抑的情緒總算找到一個親密的人來合理發洩了。還有些人則會故意跟對方唱反調來占據優勢，把控主動權。因為我們都希望在關係裡面能夠控制對方，希望對方按照自己期待的方式來回應自己，事與願違時，一定心生不滿和怨氣。

然而，一旦進入親密關係感覺到前所未有的安全舒適時，很多人就會自行退化成小孩的模式，肆意任性。小孩的模式有可愛的一面，但是任性、驕縱、欲求不滿的「成人孩子」，一旦在關係裡發起瘋來，就一點都不可愛了。

如果你發現自己在關係裡表現出了這種傾向，一定要及時覺察和讓自己獲得內在的成長。如果對方對你表現出這種傾向，你也要明白原因，看清楚問題本質，而不是和他一起掉到情緒陷阱裡面。因為那是他的事情，你並不需要背負。

有一個朋友就跟我抱怨，她老公常年在外地打工，每次打視訊電話回家時兩個人都會鬧得不歡而散。老公總是用責怪、挑毛病的方式和孩子說話，偏偏孩子又處於比較敏感脆弱的階段，當接到爸爸的電話時，他們常常眉頭緊皺，被爸爸的話語戳傷時甚至默默流淚。然而在這個朋友眼裡，她老公一直是一個不折不扣的好男人，非常有責任心，也很愛家、顧家。

我語重心長地開解她：你老公是用這種方式在表達他的關心和愛意，但是可能因為從小沒有人教他如何正確、正向地表達關懷，所以他只會用這一種方式和遠方的家人產生連結。其實，你老公心裡感覺也很懊惱、氣餒，為什麼自己那麼愛家人、行動上付出那麼多，但還是把關係搞得這麼糟糕？明明每次都在表達自己對遠方家人的關懷，卻總是吃力不討好？作為女人，你可以引導他用正向的方式詢問孩子的學習，用親切的問候來關心家人的狀況，而不是用責問的語氣來產生連結。

比如，你已經和老公溝通過了正確表達關心和愛意的方式了，但他有可能還是會用負面的方式和孩子說話。這時，你可以試著幫他打圓場，跟老公眨眨眼睛說：「啊，老公，你是特別關心孩子的學業，對吧？不要擔心，我們作業寫完了，而且還寫了一個卡片給爸爸，希望爸爸趕快回家跟我們團聚。」

一個家庭裡需要有人出來正向地引導家庭的氛圍，才不會讓家庭成員間的關係陷入惡性循環。

二、鬥爭期中可能會出現一些報復性的、想刻意去傷害對方的行為

我們之所以會萌生「報復」的念頭，是因為我們涵容不了自己當下悲傷、痛苦、憤怒和被傷害的情緒，所以才會想方設法傷害對方，讓他也有同樣的感受。

其實，報復的行為就是藉由傷害對方來傷害自己，毫無裨益。此時，你一定要告誡自己及時停止，並捫心自問這麼做是否對他公平？

如果對方用這種行為來傷害你，你也一定要明白——你不需要為此負責，也可以提醒他首先要為自己負責。你可以等他情緒過去之後和他談談，去理解他為何會有這樣的感受和行為，然後你們可以探討一下，如果下次再出現同樣的狀況，應該如何去表達和溝通。

你要讓對方知道你願意聆聽他的感受，同時也會為自己的行為負責，希望他不要用報復的方式表達自己的負面情緒。

三、鬥爭期中可能出現的自我放棄行為

這種情況往往出現在雙方不停的爭吵、吵到身心俱疲的時候。通常，有一方先開始自我放棄，比如你瞧不起另一半的工作又整天在家對他指手畫腳，於是他乾脆就放縱自己玩遊戲，久而久之，整個人也變得無比頹廢和怠惰。

性格強勢的配偶或者父母，就會很容易造就這樣的人：你老盯著我，太煩了；你什麼事情都幫我做完了、決定完了，我對我的人生沒有參與感，不如乾脆選擇躺平。

我有個朋友曾經在關係裡，始終都會預先體察到她老公的需求，然後立即去給予滿足。然而就是這樣自認完美的人妻，她的老公居然有外遇了。

她向我哭訴：「有我這麼好的女人，我老公為什麼還去找別人啊？」

我很直接地告訴她：「你不要以為你這樣做是在對他好，他可能覺得自己被控制得失去自由了。也許小時候他的父母就是這樣對待他的，他一直深惡痛絕，卻敢怒不敢言。」

在關係裡，「控制」可以分為兩種：一種是「明擺著的」，一種是「偽裝的」。前者是我用嚴刑峻法來控制你，給你列出各種規定，一旦你違反了就要等待我的吵和鬧；後者是我對你好、處處觀察細緻、體貼入微，幫你滿足所有的願望和欲望，然後就此來控制你。無論如何，男人都不喜歡被控制，以上這兩種控制都會讓他不舒服、想要逃跑，甚至找個不會控制他的人。

所謂的喪偶式婚姻，除了有些男人從頭到尾就不打算負責的情況之外，有些時候可能是婚前他還負點責任，婚後就當起甩手掌櫃了。其中的原因有可能就是因為你管得太多、控制得太多，對方感覺在關係裡很壓抑，於是選擇了自我放棄。

還有一個現象叫夫妻間的競爭，也叫龍蝦理論。這個現象發生時，你們的關係彷彿一直都停留在鬥爭期。所謂的「龍蝦理論」，是指一群龍蝦被放在桶子裡，只要有一隻龍蝦爬出這個桶子，正要往外翻的時候，就會有另外一隻龍蝦把牠拉回去，因為牠不希望同伴逃出這個桶子，而是希望大家死在一塊。這個理論放在夫妻關係裡，就是有些人看不慣伴侶比自己好，看不慣伴侶得意，希望對方跟自己始終處於一個水平線上，一旦對方優於自己，就想把他拖拽下來。

這也是一個比較有趣的現象，通常我們會認為夫妻是利益共同體，一個人變得好，另一個人也會受益，但實際情況不一定如此。

我和第二任丈夫之間就曾存在這樣一個競爭暗流。離婚之後，我才恍然大悟，原來他骨子裡非常想和我競爭，但是從頭到尾我也沒有能夠用愛去感化他，讓他知道我外在的強勢並不是針對他的，同時骨子裡一直非常尊重他、愛他。因此，我第二段婚姻失敗的很大一個原因，就是我沒能好好地處理夫妻之間的競爭問題。

在後來的關係裡，我開始很注意這一點，會小心翼翼地維護伴侶的自尊，但是似乎都收效甚微。因為在常人看來我一直是個優秀、厲害的角色，大多數的男人本來能力就不如我，如果對他太好、太謙讓，反而會讓他認不清自己是誰。

在我步入當下的生活狀態後，我覺得獨自生活也可以過得很好，如果有靈魂契合的人加入我的生活，那我會用平等尊重的方式對待他。如果他自己心裡有坎過不去，我也不會特意去維護他的感受，而是請他為自己負責，這樣一來兩個人相處的過程反而會容易得多。

因此，只有堅持讓自己獲得內在的成長、讓自己擁有獨立快樂生存的能力，我們才可以真正開啟一段穩固、健康的親密關係。

整合期

這個時期是兩個人開始各自反省的階段，又稱冷靜反省期。在這個階段我想提醒大家——你對待伴侶的方式就是你對待自己的方式，你對自己很嚴苛，對待伴侶就會很嚴苛。你對自己溫柔，對伴侶就會很溫柔。同理，你和世界的關係亦是如此。

親密關係中整合期的重點是自我負責。我們會開始反思：為什麼我會有這樣的期望？是不是因為我把自己做不到或是得不到的事情都強加在對方身上，希望他能幫我完成呢？我們終究得自己去看看——要求別人的那些事，我自己能不能先做到？我無法滿足的部分，對方是否有解決的能力？我自己是否能夠去解決，而不是仰仗其他人來幫我完成？

也許，當你能夠對自己負責，就不會全然要求他了，你們的關係也會變得更融洽。如果你自己做不到，那又憑什麼要求別人替你完成這個任務呢？

在整合期你要去看看自己有沒有過度依賴對方，過度依賴一定會造成過度需索，而愈是得不到回應就愈會用過度付出和犧牲的方式去換取。久而久之，任何人都會心態不平衡，各種問題也會接踵而來。

此外，我們也要看看在這個關係裡自己到底投射了什麼東西。因為每一段親密關係都是一面鏡子，能夠讓你看到自己內在最深層次的需求。比如，你是不是投射了對父母的期待在對方身上，有沒有盼望因為自己的努力付出，他會跟你的父母不一樣，從而讓你看到了改造他的可能性？

一旦出現這種期望，你一定會失望。此時，當務之急是你要趕緊去看清自己情感缺失的部分，療癒自己童年的創傷，而不是和你的愛人一而再、再而三地糾纏、衝突、磨合彼此。

在整合期，還會有一種自我毀滅的偏差行為出現：有些人在需求一直得不到滿足甚至失望透頂的情況下，潛意識裡會用生病的方式來自毀，或是用事業失敗，甚至遭逢意外來達到自我毀滅的意圖。很多人自我破壞的驅動力，竟然是報復自己的父母。這一點需要我們深入探究自己的內在動機，最終才能明白。

因此，每一件發生在我們身上的事情，我們都要試著用正向成長的角度去看待它，才能在受苦之餘，學習到成長的功課，提升自己的人生層次。

承諾期

最後，我們來到了親密之輪的第四和第五個階段，此時你們的關係就趨於穩定了，這兩個階段是承諾期和創造期。

在這個時期，很多人會覺得他們和伴侶之間最終成了家人、室友，而失去了愛情。那麼，這種婚姻趨於穩定之後的愛究竟是什麼呢？

我的好友樊登老師曾推薦過一本書叫作《幸福關係的七段旅程》。作者對幸福的婚姻有一些很有價值的建議，這本書的英文書名是《I Love You, but I'm Not IN Love with You》，其表達的意思是「我愛你，但是我已經不在愛中了」。這讓我想起了一首歌的歌詞：「對你不知道是已經習慣還是愛，當初所堅持的心情是不是還依然存在，眼看這一季就要過去，我的春天還沒有來」。很多愛情走到一定階段後，雙方都會產生一個疑慮：我對他是習慣還是愛？和他牽手就像左手拉右手的感覺。

因為在雙方都妥協、安定、給與彼此承諾後，很多親密關係就會變得很無趣，如同槁木死灰。那麼，我們如何才能突破障礙，從承諾期到達創造期呢？其實，愛情和婚姻最終都會需要有親情和友情的出現，雙方才能共同創造一個美好的下半生。《幸福關係的七段旅程》這本書中也有提到：幸福關係的三個階段應該是從迷戀走向依戀，最終是會到達關愛的階段，這是最理想且長久的關係。在步入承諾期之後，雙方要開始實際地面對生活，很多複雜的事務性議題會提上日常，兩人之間的浪漫瞬間會愈來愈少，而日常瑣碎擾人的時刻會愈來愈多。

此時，兩個人不能只憑愛情度日，必須要開始培養親情和友情，讓雙方從迷戀走到依戀並且進入關愛的階段。對於老夫老妻來說，能維持婚姻的重要因素就是責任、承諾，還有慣性，這個時期浪漫和激情都會褪去，被日常生活頻繁的接觸消磨殆盡。

此時，夫妻之間仍保持肉體上的親密接觸是很重要的，當然不一定是性行為，就像我們經常說的「執子之手，與子偕老」，老夫老妻可以時不時牽手，或者經過對方身邊的時候，輕柔地碰觸他一下。用各種方式增加一些互動，彼此關心對方的健康和快樂，這已經是件很難得的事情了。

創造期

當雙方的感情在經歷了激情歲月變得平淡後，走入這個階段的人都能夠放下那些不切實際的期望。你們已完全知曉對方的為人，那些在關係裡過多的情感需索和對親密的貪婪以及各種不切實際的幻想也都已經被整合好了。

此時，你和眼前的老伴、孩子的爸，或者是你的密友，才能夠真正地發展出不需索、不要求，只是互相關愛的關係。兩個人之間才能夠真正創造出很平穩、充滿溫馨場面的中老年生活，這就是親密關係中的創造期，也祝福大家都能夠來到這一階段。

親密之輪的五個階段，就如同我們在玩遊戲時必須衝破的五個關卡。每一關都會有每一關的挑戰，但是不用太過擔心，當我們看清了規則並且找到協助你順利衝破關卡的助力時，你會發現這個遊戲後面有許多的寶藏在等著自己去發掘。

那麼在親密之輪中的助力是什麼呢？如何讓自己平穩地度過這五個時期，擁有圓滿的人生體驗呢？我在此分享五大要點給大家。

❖ 一、三觀相合，雙方要有共同的興趣愛好

如果你們的價值觀、興趣愛好都能夠一致是非常好的，比方說你們都很喜歡看書或電影，就可以一起討論。如果兩個人都喜歡旅遊、爬山、運動，就可以相互切磋，這樣可以為平淡的婚姻生活增添很多樂趣。

還有一個感情升溫的小技巧，是去創造你們共同的暗語或暗號。在《大話西遊降魔篇》中，孫悟空在大肆吹噓自己殺人不眨眼的功夫時，唐僧沒有理解到他想炫耀的點，反而問：「你眼睛那麼久不眨，不累嗎？」很明顯，唐僧和孫悟空不在一個頻率，互相無法理解。那你和愛人就可以約定「孫悟空」這三個字，來代表對方此刻沒有理解到你的意思。這適用於當你和對方溝通一件事時，你說東，他卻說西的情況。你這時就可以說出「孫悟空」這個暗語，對方就懂了，就可以停下來再度嘗試去瞭解你想表達的意思。

大家也可以根據自己的情況去設置你們之間的暗語，就像有人會把櫻桃代表親親等等。在日常生活中使用只有你們兩個人懂得的暗語、暗號來交流，像是在運用一種伴侶間頑皮的能量。那種親密無間的默契，可以在你們關係進入鬥爭期和整合期的時候成為很好的感情潤滑劑。

❈ 二、用孩子來創造愛的連接時刻

孩子是愛情的結晶，所以孩子同樣也是親密關係不可或缺的潤滑劑。因為孩子是那麼可愛、活潑、鮮活而有生命力，他們能讓你整個人立刻進入年輕狀態。當你對孩子說：小寶貝、媽媽的心肝寶貝你過來，你會比較容易進入那種與愛連結的狀態，這就是很好的輔助工具，幫助你進入愛的連結。

你要讓孩子成為婚姻的加分項，而不是衝突產生的來源。當然，不想增產報國生養孩子的人，養寵物也是可以的。我自己養了兩隻寵物狗，牠們為我的生活帶來許多樂趣，激起了我無限的愛意和憐惜，每次看到牠們我就很開心，會分泌很多讓我快樂的激素。

❈ 三、經常組織家庭聚會，讓雙方家族融合

結婚是兩個家族的事，雙方家人相處融洽是一個大大的加分項，可以消除兩個人之間很多的衝突。有時候夫妻吵架了，可是當父母來了，因為礙於父母的情面，不想在他們面前爭吵，雙方可能馬上就會轉換能量，融入和家長們相處融洽的那個情境當中，於是很多矛盾就順其自然化解了。

因此，雙方家人相處融洽，在親密關係之中也可以產生愛的滋潤，起到緩衝器的作用。

❈ 四、關注雙方經濟的平衡

如果彼此在經濟方面能夠平衡或是相互依賴，這是最好的狀態。因為兩個人在一起就是要互相能夠支持、鼓勵，尤其在財務方面能夠凸顯這一點的話，也是親密關係之輪轉動起來的很好的潤滑劑。

注意以上的二、三、四項，有一點像是雙刃劍，各有利弊。有些家庭會因為這幾項而變得更加融洽，而沒有足夠智慧去圓融關係的人，反而會因為這幾項而造成更大的衝突。

❈ 五、提升自我，成為對方生命的加分項

在這段關係裡，你們是否都因為對方的存在，而變成一個更好的人呢？

一個很有趣的衡量標準是——你的生命中此刻沒有他，是少了些樂趣，還是沒了些煩惱？你的存在讓對方覺得自己的人生是加分了還是減分了呢？

如果雙方感覺對方都在給自己減分，那這段關係就會難以為繼。因此，我們要努力提升自我，讓對方因你的存在而感覺到美好。

其實，你可以在自己的親密之輪裡面把關係想像成一個銀行的帳戶。雙方剛認識的時候，就像你們共同開設了一個帳戶，一起往裡面存了很多啟動資金。每一次鬥爭、吵架、相互的折磨、攻擊，都是從這個銀行戶頭裡面取錢，所以我們要經常思考如何才能保證這個帳戶始終都有現金流，這是非常重要的。

我們要在親密之輪的五個階段裡面始終保持覺察，並且根據不同階段的特點讓自己獲得個人成長，讓我們的情感帳戶能夠繼續地保持盈餘，而不是持續透支。我也建議你用心去感受一下自己現在的親密帳戶是不是足夠富足，如果不是，就要檢討一下帳戶的支出和收入為什麼不平衡？如何做才能達到平衡？

真正能夠走得長久的關係，都需要彼此不斷地精進成長。因為親密和幸福要靠點點滴滴的經營以及不斷的學習，進而帶著耐心去經營好這份愛，你才能平穩度過親密關係中的各個階段，實現彼此愛的承諾，讓自己在親密關係中真正地活得滋養有愛。

・自我練習5・
畫出自己的
親密之輪週期

Part

2

突破，親密關係困境

Chapter 6

財務課題 在關係中必備的財富認知

在親密關係裡，女人擁有一定的財富認知和相關心法至關重要。

我一直秉持的財富思維是：富人分為兩種，一種是大富，一種是小富。所謂大富即指，你所擁有的財富遠超你真正所需，但凡是你想要的東西用金錢即唾手可得；所謂小富則指：你所必須的東西從不欠缺，只要貪得有度，金錢不至匱乏。

根據我多年的人間體察，所謂「大富在天，小富在人」雖然說起來有些玄妙，但的的確確是事實。世人無不想「大富」，可是很多人在追求大富的過程中，不僅枉費力氣，還失去了很多寶貴的東西，最終徒勞無果，自己還變得不快樂。因為「大富在天」，人為因素的影響真的不是很大。縱觀那些富豪，恐怕沒有人敢否認自己的成功很大部分要歸功於「機遇」與「運氣」，因為和他們同樣勤奮、付出同等努力、自身條件一樣優秀的人有千千萬，然而成為富豪的人卻鳳毛麟角。而小富，則是可以通過個人的財務規劃和有目標的努力而達到的。

以普通大學生為例，畢業以後，就在喜歡的行業和工作崗位上兢兢業業，發揮才幹，與此同時提前做好財務規劃，對自己當下的存款量以及將來想達到的儲蓄量都能做到心中有數，那麼在可以預計的未來就可以穩妥地達到「小富」的狀態。

我認識一個女生，她就是財富規劃的優秀案例。年輕時，她在一家公司任秘書，每月所得薪水雖然有限，但勝在她早有財務規劃，對自己的每一筆收支都很清晰。如此積蓄數年，她把累積到的存款全部用於合理的理財投資。可貴的是，她完全沒有抱有投機心態，而是理性規劃、絕不貪婪，並深諳如何用錢去賺錢。

用錢賺錢，可以說是最省力也最快捷的賺錢途徑；用勞力掙錢，則是最辛苦、最慢的；其次是用技術掙錢、用才華掙錢，但是這些都沒有用錢賺錢來得快捷又輕鬆。因此，趁年輕，我們就要存下自己的第一桶金，等待合適的投資機會來臨一擊即中。

等到實現財務自由、隨時可以退休的那年，她居然還不到五十歲。她已經用之前理財掙的錢，在喜歡的地段購入一套心儀的房子，並怡然自得地開啟了「退休」生活。正因為沒有經濟壓力的束縛，她得以從事自己喜歡的氣功教學工作作為人生的調劑，真真正正過上了舒服自在又有意義的小日子。

因此，趁年輕，我們對金錢一定要有正確的規劃和認知，不能糊裡糊塗地抱著「我將來就找個有錢的丈夫嫁了」，或者「我將來總會有錢的」的白日夢過日子，那是對金錢也是對自己的不負責任。當你對金錢不負責，它也絕不會對你負責，如此你很難真的變得富有。這個金錢法則需要謹記心中。

我還有一位男性朋友則恰好是財富規劃的反面教材。年輕時，他意氣風發，曾經掙到令人豔羨的金錢數額。只是他情商堪憂、心高氣傲，即使公司的股東們鬧出糾紛，他也不去耐心調解，一時衝動就直接解散公司，造成了「多輸」的局面。這次創業失敗後，他仍野心勃勃，懷揣暴富的夢想。可是，長久以來，他從不懂得規劃個人投資，也沒先見之明購入房產，而隨著年紀漸長，他的體力、技術、知識儲備都跟不上和他同一起跑線上的人，最終落得一窮二白、孑然一身的結局。

因此，「小富在人」的實際意義在於，它是每個人通過釐清認知、合理規劃都可達到的狀態。倘若你收入穩定、量入為出，不亂揮霍於非必需品，比如奢侈品，那麼到了一定的年齡階段，你勢必可以像我前面那位女性朋友一樣，積累到相當可觀的財富。

這筆財富可以成為你的私房錢，增加你在婚姻中的底氣，而且倘若日後你決定恢復單身，也可以成為你的退休養老基金，支持你去做任何想做的事情。我建議所有年輕的女孩，一定要儘早把金錢規劃這件事情納入考慮範疇。當然，假使你已經青春不再，當下開始也為時不晚，因為人生永遠沒有太晚的開始！

如今已邁入六十歲門檻的我，可以十分明確地告訴大家：在親密關係中，女人一定要追求經濟獨立。這裡所說的獨立，絕非是因為女人遇到了不可靠的男人，在被逼無奈之下才必須變得經濟獨立。而是在年輕時，女人就已經思慮清晰：如果決定單身，將來如何安穩度日？倘若嫁給一無所有的丈夫，生活何以為繼？若有幸尋得多金恩愛的丈夫，又如何安享人生？不論處於何種境地，女人在內在都要清晰地知曉，無論如何，口袋裡有錢是我要對自己人生擔負的責任。

獲取財富的驅動力

那我們該如何做才達到富足的狀態呢？

首先，你需要看清楚獲取財富背後的驅動力。當你的驅動力調整到位，那麼你追求到的財富便是幸福之財、歡喜之財。

獲取財富的驅動力大致可以分為三種：匱乏、恐懼、生命力。

❈ 第一種驅動力：匱乏

出於匱乏感而索取金錢的人會認為：如果我沒有錢，那就代表我不行、我不夠好。要穿名牌、開豪車、住別墅，才能彰顯自己的身分地位遠遠優渥於他人。當你被這樣的財富驅動力控制時，就會把錢浪費在很多不必要的地方。

與此同時，這個過程中還會形成一種惡性循環——因為匱乏而不斷地追逐金錢，待把金錢收入囊中後又出於炫耀的目的揮霍一空，再與別人攀比一番後，又驅使你懷有匱乏之感繼續追逐。最終的結局便是：你會一直被匱乏感驅趕著前行，身心都疲憊不堪。

這種錯誤的財富驅動力，會為你帶來非常差的人生體驗感和生活方式。我兒子在美國有一位富豪同學，自身外形條件非常好，身高一米九，生活十分優渥，穿戴滿身名牌、開著名車、住著父母購入的豪宅。然而，他乘坐長途飛機回中國時選擇的卻是廉價的經濟艙，平常吃飯也大多用速食食品打發肚子。這樣的人，無論外在多富有，內在都是空虛匱乏的，因為他花錢的動力不是對自己好，而是為了活在別人豔羨的目光裡。

第二種驅動力：恐懼

有些人對「沒有錢」會產生一種超出正常範圍的恐懼感，認為沒錢的生活一定會極其悲慘。

我恰好認識一位富婆，她雖然已坐擁上億身家，卻處處惜錢如命，恨不得金錢只進不出。因為她的內在懷有深深的金錢恐懼感，所以每個月只允許自己有幾千塊錢的消費額度。

由於自己過得十分節儉，她身邊的人自然也不能隨意揮霍。雖然她也會根據需要，給自己的親人微薄的用度，但是由於個性使然，當這些錢被給予時，也隱含著很多需索的期望和要求，最後親戚們漸漸疏遠了她。她待朋友也都是泛泛之交，沒有十分親密的、可以真心以待的密友，所以她的內心一直都非常孤獨、渴求得到關愛。

當一個人出於恐懼去追逐金錢，即使坐擁金山也無濟於事，因為心窮的人是無法真正變得富有的。我見過很多帶著恐懼感追逐金錢的人，不管他們是否追求到自己想要達到的財富量級，最終的結局都是過得都不快樂。縱有千億身家，也無法滋養自己的生命。

❉ 第三種驅動力：生命力

這是一種積極的驅動力，因為追求金錢最好的態度就是：我想要更好地體驗地球遊戲場中的各個項目，擁有金錢可以讓我在生命遊戲中的體驗感更好，所以我帶著喜悅的心情去做我該做的事、掙我該掙的錢。

當你以這種驅動力去賺錢時，你和金錢「相處」的過程本身就是快樂的，結局也一定能夠讓你快樂。哪怕最終沒有追逐到理想的金錢，你本身也依舊是快樂和富足的。因為此時追求金錢的結果，對你而言只是錦上添花。

很多人會認為沒有錢會過得很慘，這種信念恐怕會成為在我們大腦裡日日夜夜迴響的「咒語」。如果你時時刻刻都對自己念咒：我沒有錢、我很窮、我一定要有錢、要不然就會很慘……那麼你想過上好日子的願望，斷然難以實現。

如果你發現自己的內在擺脫不掉這樣的咒語，並且已經深受這個咒語所苦，那麼趁此機會不妨修正一下：請在你的生命當中，每天至少找出一個沒有很富有卻依舊活得很好、過得很開心的人，然後用心看看對方是如何生活的。

如果你看懂了，就會發現：

原來是他的欲望很少、期待很低，既不需要透過金錢去贏得友誼、別人的讚賞和認可，也不需要用金錢來讓自己覺得安全。如果你能捨棄貪欲，就可以做到即使沒能大富大貴也可以過得很好，至少能安居樂業地過著「有多少錢就過多少錢」的生活。

金錢這個東西有個吊詭的定律：你不為它煩惱，它就不會來煩你。我個人認為在某種意義上，如果太過看重金錢，它就會成為一種束縛，讓人變得不快樂，親密關係也是這樣的存在。

你可以對照你對待金錢和親密關係的態度，看看兩者是否一致，然後從中發現你遇到的同樣問題是從哪裡展開的。

譬如，很多單身女性，她們能幹又富有，可是在親密關係當中卻屢屢受挫，苦苦尋覓卻找不到合適的伴侶，在感情裡傷痕累累，得不到對方的照顧和愛護。

這種情況代表她對待金錢的態度和對待親密關係的態度可能截然不同。或許她對待金錢的一貫態度是：我很有自信，我可以掙到錢、從不缺錢，而且有錢很好，有些窘迫也毫無關係。以我的學歷和歷來的勤奮，就算老天暫時把我打倒，讓我一無所有，即便從頭再來，我依然能夠賺回應有的人生。這種態度是遊刃有餘、駕輕就熟。可是，在面對親密關係時，她的態度可能恰好相反，毫無自信可言，甚至認為自己沒有男人不行、沒有男人相伴就只能淒淒慘慘切切度日。

年輕時，我個人對待金錢的態度是自然而順暢的，然而在親密關係裡的我則是需索又卑微的。我期望男人能夠愛我、自己能夠為心愛的男人傾盡所有地付出，就像張愛玲說的那樣，在親密關係裡的我一度卑微到了塵埃裡，一心只想以小女人的姿態獲得男人的關愛和忠誠。

然而，我發現我愈是如此謙卑，我的親密關係反而愈不好。因為我自認為個人能力強，給人的感覺也比較強勢，當然還沒到霸道的程度，我做起事來也是雷厲風行又處處力求安排妥當。正因為如此，我身邊的很多男人與我長期相處後，都會感覺無所適從。他們深知我的能力更勝一籌，當我在他面前略略表現出卑微的姿態時，他們簡直窘迫到手足無措，雙方的關係自然相處得十分彆扭，溝通也變得不太順暢。

後來，我才恍然大悟，當我用自己對待金錢的態度去對待伴侶才是正確而流暢的：有「你」很好，沒有「你」我也可以過得很好，我值得找到一個真心對待我的人，擁有一份美好的親密關係。

當然，我們選擇和一個人在一起的理由，並不是因為他可以作為我們向別人炫耀的資本，更不是要擁有他才會有安全感。如果我們不需要用金錢來消除內在的恐懼，就可以給自己充足的安全感，也不需要用金錢來作為炫耀的資本，以此來彌補內在的匱乏，那麼我們對待親密關係也應該一以貫之——完全沒必要靠男人來填補內心的匱乏、安撫恐懼的心理。

如果我們在關係裡始終抱著愉悅的心情，堅持「生命中有你，我很開心，沒有你我也可以過得很好，在一起時就好好地相處，不必有過多的需索和索取」的態度，那麼彼此之間的關係就是完全對等的，無論是對金錢還是伴侶，只有做到這一點才能稱得上是健康的關係。

接下來，我還想跟大家一起修正一個觀念：一個人快樂與否、生活過得好不好，和他是否擁有親密關係、是否享有很多財富並沒有絕對的關係。

曾經有研究人員做過這樣一組實驗，他們對比了中彩券的人，觀察他們在中獎前後的生活愉悅指數的差異，與此同時，還對比了因為車禍而不幸癱瘓的人，觀察他們在車禍發生前後的愉悅指數的差異。在這組實驗過程中，研究人員發現了一個耐人尋味的現象，在剛剛喜中彩券或者不幸遭遇車禍時，人們的確會欣喜若狂或是痛苦異常。然而，大約三年之後，他們痛苦或快樂的水平就恢復到了發生這個重大事件之前的樣子。

這個實驗結果恰恰說明，如果個人的內在不修煉成長，無論外在發生了什麼事情，每個人的快樂指數都是固定的。因為這是一種看待世界、應對世界、感應世界、感受人生的固定方式，已然是一種已經固化的思想信念和行為模式。

在追求快樂幸福的路上，我們首先應該明確知曉自己應對重大事件的方式和習慣的基調是什麼。如果你是個習慣性不快樂的人，也許會給自己找個合理的藉口：哎呀，我現在不快樂是因為沒有錢，如果有了錢我就會快樂無比。其實，根本不會有任何改變，因為你已經習慣了不快樂的模式，即使中了五百萬的彩券大獎，也許你會短暫地快樂三個月，之後還是會回到原點，依舊過得不快樂。

因此，解決「不快樂」模式的核心，是首先要探究清楚自己為什麼沒有能力快樂。不快樂是一種習慣，而快樂是一種能力，你要做的就是終止壞習慣，習得快樂的能力，想方設法將自己的情緒基調提升到一定程度。如果你確實做到了，就會發現掙錢相比之前更遊刃有餘，找到好伴侶的機率也比以前大大提升。

這是我自己歷經多年的成長之路，嘔心瀝血總結出來的經驗和教訓。時刻覺察自己和金錢的相處模式，並且及時調整和修正，你才會更容易吸引金錢來到你的生命裡，為你帶來更多愉悅的人生體驗。

婚姻裡的金錢議題

有人認為，在親密關係裡談錢傷感情，但真相是不談錢沒感情。在處理金錢議題時，我們需要有一定的智慧和見解，才不至於在關係裡因金錢議題連連吃苦，或者即使覺得被虧欠也只能忍氣吞聲。以下是親密關係中最常出現的四種金錢議題。

❖ 第一種情況：夫妻雙方都有工作，收入差距不大

我身邊有些朋友在婚姻中對金錢的處置方式令我十分贊同。比如，即使丈夫收入稍高一些，也會按照兩個人的收入比例，各自存一定數額的錢到家庭的公共帳戶。他們會提前協商好，公共帳戶的錢用於負擔家庭所有的共同開支，大至房貸、孩子的養育費用，小到水電費、吃穿用度等其他生活費用等。除去這部分之外，每人都可以各自留存私房錢用於個人自由支出，而且雙方均有權決定和購入自己喜歡的物品。

我曾在婚姻裡因為金錢議題屢屢受挫，連想更換一臺運行速度快的筆記型電腦都不被允許。回頭想想，那段婚姻最終難以為繼，是因為我雖然個性獨立，但是不懂得恰當的溝通技巧，而在那樣一段充滿霸道制約的男性主義的婚姻之下，我無法委屈求全，來求得婚姻長久。

當時的我也沒有勇氣挺身而出，為自己爭取婚姻中應有的權益。我總覺得經常為錢的事情吵架得不償失，可人生到了後半場才幡然悔悟，若早知最終的結局還是逃不開離婚，還不如當初就據理力爭，明確告訴他：我必須拿錢補貼自己的父母，我們兩個人一同掙的錢，我理所當然也享有決定權，況且僅僅電腦更新換代這樣個人自由支出的部分，毋庸置

疑我有權利這麼做。

那時，我的沉默沒有換來前夫的理解。他還指責我虛榮、物質，認為我物欲氾濫、總在鋪張浪費。事實上，我的服裝大多來自網購，從來沒添置過奢侈品，也絕不會亂花冤枉錢，我自認生活中的我務實為上，何來虛榮一說。

當年他那樣指責我，讓我覺得備受傷害。他沒有看見真正的我，只是出於內在對金錢的匱乏感和恐懼感，他一味地管制我、控訴我，於我而言，很不公平。

正因為我體驗過不敢好好談錢的婚姻到底有多煩心，所以希望女性朋友們在結婚前就和你的伴侶好好談錢，共同商討婚後的家庭金錢制度，之後各司其職，允許各自決定自己的私房錢，在共同負擔生活開銷的基礎上也能夠隨心買到自己喜歡，又和對方無關的東西。

如果你已經結婚了，現在找個合適的時機談也不算晚，在婚姻中這並不是算計或計較，而是讓你們家庭更穩固、更和諧相處的一個選擇。

❉ 第二種情況：丈夫很會賺錢，妻子更偏重於照顧家庭

假如妻子掙錢的能力比丈夫遜色很多，可以退而求其次，選擇在家裡操持家務、照顧小孩，倘若妻子有一技之長，便可以從事自由職業，做自己擅長也喜歡的事。

哪怕你老公月入數萬，你只能勉強達到一萬，那也是你自己憑能力掙的錢，會讓你在

關係裡有底氣、有骨氣。在婚姻裡，「我養你」這句話的可信度並不高，千萬不要把掙錢的事情全部交予丈夫，而你就順勢選擇讓對方養著。對女性來說，這樣的想法毫無可取之處，一定要保持自己和外界的連接、保有自己的工作能力，也保證有持續掙錢的能力。

這種與外界連結的關鍵不在於你能掙多少錢，而在於你能擁有一份底氣。你不僅可以藉此維持和這個社會最前線的互動，也可以讓你的丈夫看待你時多一份尊重，這一點非常重要。

第三種情況：丈夫很會賺錢，妻子選擇做全職太太

如果妻子決定做全職太太，請一定要培養自己擁有心安理得、理直氣壯跟丈夫要每個月花銷的能力，而且要勇敢地根據丈夫的收入來要求對等的「薪資」。

妻子可以義正詞嚴地跟丈夫表達自己的態度：我犧牲了自己的事業，捨棄了社交，在家專心照顧孩子、操持家務，請你想想，若要請一位既要帶孩子還要家務全包的保姆，需要支付多少月薪？況且，由我來做這些事情，會比職業保姆更加精緻化，因為我愛你和孩子，所以會給你們最好的「服務」。這些付出都是可以用金錢量化的，你有義務給我相應的報酬，因為我的青春也是有限的，我在人生最好的時光和你在一起，放棄我的事業和我個人的生活，為你付出所有，那你必須給我相應的回饋。

我曾經給我的學員們講過一堂課叫作「幸福女人要有敢要的勇氣」。女性朋友們一定

要敢於去「要」你應得的尊重和回報，這麼做是讓你正視自己的價值——無論你是否掙錢，你都是一個有個人價值的人，你的任何付出都必須被尊重。當然，這也取決於丈夫的能力和意願，你可以帶著這樣的底氣，和他好好協商。

當然，要有敢要的勇氣，也要有索要的限度。我有一位女性朋友，她曾有個男友每月都給她十幾萬的零用錢任意支配。我還和她調侃：「這太多了吧，他為什麼要給你這麼多錢呢？」我的朋友趾高氣昂、眉飛色舞地回答：「因為他覺得我值得這麼多錢，我就是值呀。」

我的這位朋友十分有個性，從不喜歡屈從於男人，本身也超有人格魅力。之後，她的男友花心劈腿，被她發現後果斷分手。之後，她坦白告訴我，男友之所以棄她而去，是因為在他的權衡中她的性價比已然沒有優勢，換作別的女人每個月只需一、兩萬就綽綽有餘，還會幫他做好洗衣、燒飯等分內家事。我的這位朋友卻全然不會操持家務、更不懂得體貼照顧男人、加之兩個人還是遠距離戀愛，每個月就需要付出如此高額的金錢，男友只覺得付出和收穫不對等，就逐漸打了退堂鼓，最終忍痛放棄。

隨便索取男友過多的金錢也未嘗是好事，雖然女人有一定金錢在手是非常重要和必要的，但也要設身處地考慮對方的感受和經濟實力。做人要合情合理，適可而止，否則一定會損耗自己的福氣、福報。如果你是在自己伴侶可承受的能力範圍之內「索要」你應得的金錢，即使你覺得這是你拿青春交換而來的，也未嘗不可。反之，如果你在婚姻裡把日子過得十分窘迫，連索要一兩百塊錢都要看男人的臉色，那真是對自己的毫不負責。

在此，我想對那些不好意思、不敢跟老公要錢的傻女人說一句話：你要尊重自己跟男人在一起時流逝的那些青春和機遇，請對自己好一點，一定不能虧待自己，好嗎？

第四種情況：妻子超能賺錢，丈夫收入微薄或完全沒有收入來源

如果妻子比丈夫更能掙錢，同時也希望和鼓勵丈夫能夠有自己喜歡的工作，那麼當他在自己喜歡的工作中獲得成就感、賺到自己零用錢的時候，由衷地為他感到高興就好。

如果丈夫完全沒有收入來源，這種情況恐怕糟糕至極，因為這種男人容易自暴自棄（有過分的鬆弛感），千萬不要自認為他因為吃穿用度都靠你就會對你感恩戴德、對你好上加好。很可能他生活都倚靠你，還要對你百般挑剔，因為他對自己的否定都會投射到你身上，拿你來撒氣。

如果你義無反顧地要和這樣的男人結婚，最好提前觀察一下他能不能說服自己去做一個所謂合格的吃軟飯的人。有的男人吃軟飯的姿態尚可，有的只會反過來試探你的底線。我曾見過這樣一個案例：丈夫毫無收入來源，全家老小只靠老婆的工作收入勉強度日。好在丈夫在婚後把家事料理得井井有條，對老婆關愛有加，更把老婆和前夫所生的兒子視為己出，一家人生活得其樂融融，十分幸福。

這種「軟飯男」過日子本領很高，也能從心底裡說服自己，或許他這一生來到這個世界的目的，就是要好好照顧他們母子倆，這就是他此生的意義。他能這麼心悅誠服地認識到這一點，還能夠怡然自得地享受其中，在「吃軟飯」這件事上沒有矛盾內耗的心理，這是難能可貴而且很知進退的一種選擇。不過現實生活中這樣的男人恐怕鳳毛麟角，更多吃軟飯的男人是本事沒有脾氣大，野心卻一點也不小，結果事業高不成低不就，和比自己優秀太多的女性在一起後，因強烈的自尊心作祟非要軟飯硬吃。

女強男弱關係中的男性，找個女強人作為伴侶可以滿足自己、彰顯自己的優勢，但是長期處於女強人高壓下又覺得自己簡直一無是處，想盡辦法要證明自己。如果這個女人還不知好歹地想要去幫助他、扶持他，那麼無外乎會有以下兩種結局：

第一種情形是丈夫賺到了錢，事業做得順風順水，最後離心出軌。因為對男人而言，權力是最好的春藥，而權力正是從金錢和事業成功而來的。而成功男人最需要的，是女人對他的仰視。對他而言，你只能是他知根知底的糟糠之妻，可能正是他當時避之唯恐不及的。

也正因為如此，原本貧困、忽然暴富的鳳凰男，往往很難安於現狀，更不容易留在原有的婚姻裡，除非兩個人的共同利益捆綁緊密。

另一種情形是你耗費很多金錢助他一臂之力，最終他還是一敗塗地。面對此結局，他大概會惱羞成怒，並將失敗的挫敗和怨氣通通投射在你身上。

因為他不安於現狀，他要掙得面子、要為此去征戰、要別人仰視他。在倚靠你才擁有的些許成就感後，他的內在並沒有真正得到滿足，所以當他在你的見證下落得一敗塗地的下場後，你就會成為他發洩怒火的頭號對象，至於你之前的付出和支持，他並不會因此對你有任何感激和體諒。

因此，女人在下定決心用金錢扶持男人前，請先看清他的人品、情商、性格、情緒處理的模式和對金錢的態度，免得他最終忘恩負義，讓你陷入泥沼當中，抽身不得，痛苦不堪。

總之，不管你在親密關係裡的財務狀況屬於以上哪種情況，我個人覺得敢「要」的女人還是占多數的。「敢於要錢」絕不是物質虛榮，而那些追求美好親密關係的女人，也不能片面被定義為「戀愛腦」。

那麼，在親密關係中金錢和愛情如何取捨？唐代的一位大才女魚玄機有此妙語：易求無價寶，難得有情郎。這與我的情感價值觀不謀而合，尋覓到真心實意愛你的人，遠比眼裡只有金錢的人重要很多。

當然，我也理解有的女性寧可坐在昂貴的寶馬車裡哭，也不想坐在窮酸的自行車後座上笑。因為在她們看來，日久天長，所謂的「有情郎」也可能會變成「無情漢」。你無法預知他是否會在某一天就對你心生厭倦，任你在自行車後座痛哭不止。倘若真有那麼一天，追求金錢的女性至少還有輛寶馬保值，而你就剩下破舊的自行車一文不值。

歸根結底，女性都必須有獨立的自我價值，不要把幸福快樂建立在外界，更不能完全期望男人給你一個遮風擋雨的世界。無論女性是否擁有親密關係，獨立的生活和經濟能力都是最為重要的；無論女性是否富有，健康的金錢觀念是最重要的；無論女性如何生活，自己的福祉是最為重要的；無論女性有沒有生育孩子，健康的身體是最為重要的。

年輕時，女性要盡可能地積累財富，當擁有可觀的財富，即使年華老去，它也將成為你生命中的一個重要加分項，讓你在漫漫歲月中感到比他人更多的幸福和快樂。

在這個世界上，每個人都會有自己專門的人生功課要修習。在金錢和親密關係這兩門功課上，我們或許不能保證自己都修煉得完美、具有超凡的智慧，但是當問題出現時，至少我們不會一心只抱怨外界的人事物，而是學會去看見自己內在的不足和匱乏，建立和拓展自己的思維認知，健康的金錢關係和幸福的親密關係才不會離你愈來愈遠。

· 自我練習 6 ·
清理財富的負面信念

· 冥想 2 ·
金錢肯定句

Chapter 7

溝通課題

不要讓無效溝通壓垮婚姻

男人和女人在溝通方式上存在天壤之別。女人喜歡傾訴情感，比較擅長溝通，但男人更傾向於解決問題，容易忽略雙方情感的溝通與連結。這樣的差異導致男女雙方在親密關係中常常因為溝通不暢的問題，產生一些無法修復的裂痕。

每個人在婚姻中都不免萌生「鬥爭」的意識，誰都不願意主動承認自己是犯錯的那一方。可是，若想經營出理想的親密關係，就必須學會收斂隨心所欲的情緒和毫無節制的投射、索取，不能任由它們成為摧毀婚姻的毒瘤。

倘若具備良好的溝通技巧，便可以有效防止婚姻走向崩壞的結局。

婚姻裡最常見的溝通困境便是爭吵，而爭吵背後潛藏著深層次的原因。如果我們能透過爭吵的表象看清底層的原因（也就是我之前反覆提及的驅動力），並掌握正確的爭吵態度和溝通方法，婚姻的困局便會由此獲得轉機。

為什麼我們總會爭執不斷？

在親密關係裡，雙方爭執不斷有兩個根本性的原因：

一、就人性而言，承受痛苦遠比解決問題來得容易

解決問題意味著要做出改變，而改變需要跳脫出舒適區，直面自己不熟悉的狀況和挑戰。當面對未知的挑戰時，我們會本能地產生恐懼和抗拒的心理。大多數人寧願選擇「痛苦」地蜷縮在舒適區，也不願意勇敢改變一次，因為不加改變的情境至少是熟悉和安全的。

不僅如此，他們還會習慣性地認定痛苦都拜對方所賜，在不斷的爭吵、抱怨和互相指責之中，婚姻的甜蜜漸漸被磨滅，與最初的美好期許背道而馳。

因此，如果發生爭吵，我們首先要捫心自問是否真的想解決問題，還是自始至終全然沒考慮過直面問題，寧願停留在舒適區一味地承受痛苦？不願意承擔責任，不想改變自我，完全不敢用不熟悉的方式去面對和解決問題，這大概是大部分人在親密關係中都會有的通病。

二、爭吵比心碎來得容易

面對伴侶帶來的傷害，我們的內在很容易衍生出自己是不被愛的、不受尊重的、被拋棄的，諸如此類的負面感受，進而引發更深的痛苦。此時此刻，無論是去責罵、去爭吵、

去抱怨，都會比獨自承受心碎和痛楚好受很多。

然而，若想一段關係長久穩固，我們必須認真地找出爭吵原因、切實解決問題，學著去坦然面對，試著去接納和包容自己的心碎和痛楚。儘管把目光從評判對方的對錯轉向覺察自身的內在感受和情緒並非易事，但它意義重大，且對我們未來的成長和獲得幸福大有裨益。

那麼，如何做才能有效避免爭吵呢？

我們應當未雨綢繆，防止雙方事態發展到吵架才能作罷。

首先，要用心發現雙方爭吵的引爆點在哪裡，找到每次引發爭吵的癥結點所在

比如，你和伴侶一起駕車出行，身在副駕駛座上的你總忍不住指手畫腳，而他每次都會因此暴跳如雷，而且你愈分辯，爭吵愈發兇猛。倘若再次遇到類似的情況，請適度收斂，切勿故意戳爆他的痛點。

反之，如果你的伴侶有心或無意的特定舉動會踩到你的雷區，你不如提早對他坦誠相告。倘若還是不可避免地發生了爭吵，重要的是複盤整個過程，認真探討彼此爭吵的引爆點在哪裡，盡量減少之後再因為同樣的問題重蹈覆轍。

事後複盤很重要，在相處的過程中升起覺察心更為關鍵。倘若伴侶開始觸碰到你的

「引爆點」，你要如何調整自己的需求和想法，以防自己被引爆呢？譬如，今天男朋友應允陪你，結果有人臨時邀他去做他很喜歡的事，他便躍躍欲試地要離開。你可能因此覺得自己不被愛、被拋棄，情緒也瀕臨崩壞。

此時，請冷靜下來，轉換一下思維：難得他不在身邊，你有了小小的假期，其實可以自由安排做很多事情，比如可以打電話給知己好友，約她們歡聚；也可以單純追劇、做運動、去期待已久的博物館……珍惜難能可貴的獨處時間，大大大方地送他出門，心懷愉悅地好好享受。如此轉念一想，兩個人就避免衝突的局面。

當然，前提是你要直面和接受自己不被愛、不受重視、被拋棄的感受，而不是讓你男友為你的壞情緒買單。也許父母在你小時候曾給你留下過類似的負面感受，至今你還記憶猶新，否則你不會因為一點嫌隙就勾起積怨已久的憤怒和怨懟。因此，自我負責而不是責怪對方，才是一個人真正成長的方向。

其次，看到爭吵背後潛藏的對方的真實感受和需求

大部分人在爭吵時，只顧及自己的需求是否被滿足，甚至只從自己的情緒、面子出發考慮問題，很少去看見「吵架」這件事背後隱藏的雙方真正的感受和需求。

克里斯多福・孟老師在《親密關係》一書中講的一個故事生動詮釋了為何人們會因為各自真正的感受和需求不同引發爭執和矛盾：

有一對夫妻，約翰和瑪莉。他們同居已經超過一年了，兩人住在一間舒適的單房公寓裡。本來一切都很好，但最近約翰愈來愈無法忍受瑪莉總是把浴室弄得一團糟。一開始他用一種輕鬆、幽默的語氣來提醒她。雖然他們在其他事上大都能互相體貼，但瑪莉總是忘記在使用浴室後收拾乾淨。兩個人常常為了這件事吵架，約翰只要看到瑪莉使用過的洗手間雜亂不堪，他就會暴怒。

這件事會發展到如此地步，其實源於他們各自原生家庭帶來的影響。瑪莉的家人喜歡挑剔她，總讓她覺得自己不被家人接受。約翰的糾結點在於，他覺得自己說的話沒人在意，從小在家就是個沒有存在感的孩子。這對夫妻爭吵其實不在同一個「癥結點」，瑪莉並非不在意約翰，她只是覺得洗手間沒有必要維持得那麼整潔，而且她不喜歡被人家嫌棄挑剔。另一方面，約翰也不是刻意挑剔瑪莉，他除了希望洗手間整潔之外，更在意的是別人有沒有尊重他所說的話。

就好似兩個人都想要同一個橘子，誰都不願意妥協退讓，愈吵愈嚴重，結果深入溝通之後，才發現我要的只是橘子皮，他要的是橘子籽。一個要籽，一個要皮，這兩者完全不衝突。在親密關係裡，看懂對方底層真正的需求才是解決衝突的絕佳方式。

女人應該先邁出這一步，因為男人在暴怒時很難感受到對方深層的不安、脆弱或痛苦。就好似上面例子中提及的瑪莉和約翰，瑪莉完全可以和約翰說：「當你每次嫌我把洗手間弄得這麼亂，然後對我發脾氣的時候，我就覺得我是一個非常糟糕的人。因為從小父母就不接納我，現在老公又如此嫌棄我。」

不要用抱怨的語氣去說，而是開誠布公地從自己的真實需求出發，做到百分之百為自己負責。你可以向對方袒露心聲：「你這樣說讓我感覺真的很挫敗、好難過，為什麼在你眼裡我是這麼糟糕的人呢？」

如果瑪莉能如此溝通，約翰可能會立即表示諒解：「其實我不是在指責你為人糟糕、批評你行事有何問題，我只是不喜歡髒亂不堪的洗手間，而且我不喜歡自己說的話不被重視。既然這樣，我們可以坐下來想一下解決的辦法，你看可以嗎？」

如此一來，瑪莉和約翰就可以心平氣和地就事論事，之後就會發現，約翰認為所謂髒亂的洗手間是什麼樣的呢？如果他認為牙膏、牙刷沒有放回原位會顯得凌亂，那不如買一個收納盒，之後請瑪莉記得使用完畢就順勢收入盒子裡；或者當約翰發現牙膏、牙刷沒有歸位，也可以代勞。

如果他覺得洗完澡後洗手間地上到處都是水，容易滑倒又很顯髒，那不如裝上浴簾，避免淋浴時水飛濺得到處都是。此外，髒衣服不要丟在洗手間的地上，而是拿一個洗衣籃收好。這樣細緻溝通後，瑪莉和約翰的這場爭執完全可以收穫圓滿的結局，也會成為之後兩人相處中良好的磨合模式。

夫妻之間的相處，本來就會有很多磨人且瑣碎的小事發生。要先建立良好的溝通模式，在細碎的小事之中反覆磨合，然後再用技術性的方法加以解決。切勿因為瑣碎之事，懷疑這段關係的本質是否出現問題，更勿質疑雙方的性格是否合得來，以及彼此的關係是否還要繼續。如此，你們的婚姻才能長長久久，走向穩固舒適的階段。

只是大多數的人進入到親密關係中鬥爭期後，都會開始用憤怒來解決事情，完全丟失了理性思考。為什麼會這樣呢？

為什麼我們會用憤怒解決問題？

一、憤怒可以讓我們暫時逃離面對痛苦

爭吵時，我們內在的感覺並不只有憤怒的情緒，「憤怒」底層隱藏的也許是不安、脆弱、痛苦、悲傷，抑或沒有安全感、不被接納、不被愛、無價值。我們之所以選擇用憤怒去表達自己的態度，是因為它讓人感覺自己在據理力爭，同時也讓人覺得自己比較有力量，而怒氣恰好是我們用來控制局面的武器。

可是憤怒亦是把雙面刃，最終的結果一定是傷人又傷己。不如退避三舍，先觀察和感受憤怒之下隱藏的那些脆弱的情緒，然後坦誠表露出來。相比憤怒，對方一定更容易接受這樣的表達方式，你們的關係也會因此朝著更加良性的方向發展。

倘若你的伴侶在眾人面前口無遮攔讓你難堪，與其當場擺臭臉或是立即用語言回擊，

不如事後再將自己的感受如實相告：「你當時那樣毫無顧忌說的話，我感覺很不舒服，甚至有點無地自容，我不想再讓朋友聽到類似的話。」

此時，對方可能還會狡辯，你可以充分展露自己的鬱悶不快，但是既不要說話，也不要言語攻擊他，更不要採用冷暴力。凡是有同理心的男人，無論他嘴上如何回應，此刻他心裡都會明白自己的言行傷害到你了。如果他真的愛你，下次一定會加以改正。

二、我們想用憤怒讓對方感到膽怯、自知理虧，或是懷有罪惡感

有理不在聲高，並非誰的聲音愈大，誰的怒火愈盛，誰就可以控制對方，這其實只是一種錯覺。如果夫妻之間想和睦相處，絕不能憑藉憤怒壓制來進行溝通，這麼做只會傷害彼此的感情，讓兩個人的關係愈來愈糟糕。

三、我們會用被動攻擊表達憤怒

憤怒的表達方式不一而足。有人採用「怒吼」的方式，一味地責怪對方；還有人用冷漠、情緒抽離、叛逆，甚至故作可憐來表達憤怒，以迫使對方感到愧疚心虛。

倘若你覺察到伴侶正用情緒抽離或被動攻擊的方式對待你，你要知道他藉此隱藏的情緒是憤怒，而憤怒之下的底色則是悲傷和無助。若能懷有足夠的慈悲心和包容心，你就會發現對方藏在憤怒之下的真實情緒，你們之間的問題也會迎刃而解。

然而，當我們感覺到對方的憤怒時，通常第一個反應是自己憤怒的情緒也會無可遏制地噴湧而出。在親密關係裡，我們首先要修行的是看見自己內在的憤怒，繼而接納憤怒之下的負面情緒，這樣才能更為恰當地面對和化解伴侶的憤怒。

在婚姻裡，最好的溝通方式是溫柔地堅持。你不必大聲也無須藉由憤怒來表達你的需求，最佳的表達訴求的方式是溫柔地堅持立場，並且以脆弱的姿態提出要求。溫柔地堅持是指，你可以姿態柔軟，但要態度堅決地和對方說：對不起，我做不到，這是我的底線；脆弱地要求則指，提出要求時，你要坦然承認自己的需求，這看起來是脆弱的，但實則是以柔克剛、更有力量的表達方式。

曾經，我和前夫一家人一同到賭城拉斯維加斯旅行，抵達酒店時已是下午五六點鐘，我餓得頭暈眼花，發現酒店附近恰好有家日本壽司餐廳，便很想就近解決晚餐。可是我前夫堅持要花半個小時到一家牛排館就餐，只因為那家店當天有特價餐供應。

當時，雖然我一點都不想將就自己吃西餐，但是因為他性格比較強勢，我始終沒有勇氣直接說出自己的需求。

倘若當時的我能懂得溫柔的堅持和脆弱的要求，我會緩緩和他說：「親愛的，我知道美國的西餐應該比較好吃，而且牛排大餐今天特價才十二．九美金，真的好划算。可是，我的胃現在告訴我，它只想吃日本壽司並喝一碗熱騰騰的味噌湯。你可以帶家人去吃牛排，我先吃完壽司就回酒店等你們，好嗎？」可惜我當時沒有這樣的能力和他提出脆弱的要求和溫柔的堅持，只能臭著一張臉和他去吃飯。

在那個情景下，擺出一張臭臉其實是一種被動攻擊。因為我真的很餓，到了牛排館卻發現還要等待三十分鐘，於是我講起話來也開始夾槍帶棒，情緒也呈現出抽離和冷漠的狀態。當天晚上，我們爆發了結婚以來最嚴重的一次爭吵，我終於脫口而出我隱忍多年的心聲：等小孩上大學之後，我就要離婚。

這句話可謂擲地有聲，他隨即感覺深受傷害，那一刻他比我還要憤怒。這場嚴重的衝突，也深深傷害了我們的感情，為後來關係逐漸走向支離破碎埋下了伏筆。

如今我再次回看，倘若當時的我能擁有如今的智慧與閱歷，一定不會再用同樣的方式處理兩性關係。我會堅持去做我想做的，不再隱忍，但同時用一種溫柔的方式去堅持，用脆弱的方式去要求。以怡然自得的態度去表達自己的需求，即使對方再怒不可遏，只要你溫柔地堅持，他也無可奈何。

當你的伴侶同理心很差，沒有辦法感受到你當下的需求時，你更需要用這種脆弱的要求、溫柔的堅持，去獲得你想要的結果。然而，如果兩個人的關係已經發展到了劍拔弩張的地步，忍不住想要吵架，該如何是好呢？這個時候就要學會正確的吵架方式，要讓吵架也能為愛的昇華助力。

如何正確地爭吵？

一、明確自己和對方的需求，不要一味地指責和抱怨

我們都知道順暢的溝通至關重要，但實施起來常常是無效的溝通，還總是飽含憤怒，帶著鉤子或刀子在說話。

我自覺這樣的比喻很貼切。所謂「帶著刀子說話」是指：表面上我在談事情，其實是在攻擊你、力證你錯了。「帶著鉤子說話」則指：我的溝通目的只是想讓你知道自己犯了錯，你無須補償我，不然就要做出改變或向我表達歉意。

這些都不是有效的溝通，底層潛藏的能量和個人意圖都不正確。即使你未直接說出口，對方早已心知肚明，只會造成吵來吵去、問題無法解決、感情亦受到傷害的局面。

二、不要把自己的感受放大成絕對真理

何謂「把感受放大成絕對真理」？譬如，有的男人忘記了重要的節日或紀念日，就可能招致悲慘的結局。如果恰好他的伴侶因為太過在意而耿耿於懷，就會感覺是自己不被愛，而「錯過重要的節日」就足以證明了「你不愛我」這件事。

很多女人會把這種飄忽不定的感覺看得非常重要，只要她感覺有異樣，那麼就一定是

對方有錯在先。既然「你不愛我」，那麼「我」會使出渾身解數去折磨你，鍵盤、榴槤、洗衣板和雞蛋，要跪哪一個任你選，「我」都給你準備好。真的是怎麼無理取鬧，怎麼來。

事實上，理智的女人絕不會把自己的感受放大成絕對真理，更不會把自己當上帝，用「上帝」的視角去評判對錯。我們需要清楚地知曉和接受：「你的感覺未必就是現實」，讓自己的親密伴侶有喘息的空間，給他充分解釋的機會，而不是直接宣判結果，然後勃然大怒、橫加指責。

❈ 三、吵架的時候，把焦點放在當下某個明確的行為或事件上

吵架中存在一個大忌：**以偏概全和翻舊帳，這也是很容易讓對方感覺不舒服的情況**。有人吵架時常常說出「你從來都沒有」、「你永遠都不會」等太絕對性的話語，伴侶聽了會失望氣餒。其實，不只親密關係，這個大忌放在其他關係中也同樣適用。試想一下，當你的父母、上司、朋友，抑或其他你認識的人，總是跟你說出類似的話語時，你作何感想？

反之，當你驚覺自己時常對伴侶脫口而出這樣的話語時，一定要有所覺知，千萬不要繼續自以為是地說出同樣傷人、傷感情的話。即使在氣頭上，你也理智尚存地想起對方的確關心過自己，有過真心對自己好的高光時刻，也真的做過一兩件和自己現在指控的事實截然相反的事情。倘若你能擁有這樣優秀的覺察能力，你的親密關係一定會漸入佳境。

同理，雙方陷入爭吵時，千萬不要翻類似「上次你也是這樣，多少年前的某個時候你也這樣」的舊帳。這意味著在我們的潛意識裡，就想證明對方從頭到尾都未改變，一直是糟糕至極、屢屢犯錯的人。

然而，「證明對方是錯誤的」這件事，永遠無法起到敦促別人改變的作用，也沒有任何人願意被這樣改變。正確的方式是給出善意的提示，比如，關於這件事情，這次你處理得有失妥當，不久前好像也有類似的情形發生，當時你是怎麼處理的，那個方式我覺得就分寸拿捏恰當。

要有一個很正向的引導傳達給對方，把焦點放在當下這個明確的行為或事件上，就事論事。切記沒有人能心甘情願承認自己是錯的。我們自己據理力爭的同時，也要給對方留有餘地，尤其是和男人爭辯時，最要顧忌他在乎顏面的強大自尊心。

歸根結底，兩性的相處需要智慧，當爭吵即將爆發，要學會自退一步，先處理好自己的情緒，再開始有效的溝通。我常常開玩笑說，其實女人們都有很強的同理心和慈悲心，但是面對伴侶時常常無處施展，因為對方總能精準戳到我們的痛處，一旦如此，我們的慈悲心、同理心就被拋到九霄雲外去了。我們也在被激怒後，情緒上退化成了一個憤怒的小女孩。因此，我們一定要修煉自己，把痛點的值愈修愈高，讓他無法碰觸到，我們就能成為超級厲害的人。

當然，沒有人希望永遠在吵架。想減少人和人之間的傷害、矛盾、衝突，最重要的還是要修好親密關係裡的溝通這門功課。

掌握正確的溝通方式，讓關係生出愛

在親密關係裡，沒有人能抵得住長期爭吵帶來的消耗，即使兩個人再相愛，親密關係最終還是會發展至崩壞的局面。

愛的溝通方式最核心的部分是，在情緒上要和對方建立連結，其次才是溝通的技巧。切勿讓你們的關係演變成鬥爭，最終不得不以結束這段關係來收場。男人大多容易忽略兩性關係中的情緒連結，這是男人人性中的弱點。因此，我認為在好的婚姻關係裡，通常都是女性主導情緒連接這件事。

那麼，如何有效地進行情緒連結呢？

最為重要的就是，能夠恰當地邀請對方參與溝通，並且在溝通中用正確的方式予以回應。

我認識幾位深諳如何與女人建立情感連結的優秀男士，當聽到女人談論起自己的遭遇時，他們會表現得關懷備至，適時詢問她們的所想所感。而當女人繼續述說時，他們會認真聆聽並且給予「哦，這樣子啊，原來如此」等表示自己始終在傾聽的即時回應。

不過，和伴侶的建立情感連接時要謹記，切勿使用空洞的回應方式，否則只會令對方覺得你只是在敷衍了事，言談枯燥乏味。正確的方式是挑重點和細節溝通，譬如：

- 上次你回家看望二老的時候，你媽媽說她膝蓋疼，這次回去她好一點了嗎？
- 待他下班後詢問他：昨天你給老闆的那個提案，老闆說要再考慮一下，今天他有反饋你嗎？

不僅如此，我們還要去理解對方，他可能需要再三斟酌才敢一吐為快。倘若你帶有目的性地探聽，然後藉此去控制或指責他，對方不會傻傻中計，這種企圖不好的談話邀請斷然得不到良好的回應。如果你只是想和對方建立連結，選擇話題時就挑悅耳的來說，而非硬戳他的痛處或隱私。

這種特定性的情緒連結，是針對一個具體問題而提出的談話邀請，透露出的是提問之人的關心和親密之感，絕不帶有任何特定的目的。那麼，要如何做出回應，才能讓對方有想深入溝通下去的意願呢？以下將列舉三種回應的方式，大家可以自行參考，確認自己屬於哪一個層次。

第一種：高活力且充滿關心的回應

具體而言，就是讓對方感受到：我有認真傾聽你說的字字句句，並始終饒有興趣；我深切瞭解你的想法，抑或我抱有強烈的好奇想要瞭解你；我支持你，也願意陪著你，不管我能否做得，我都敞開心扉聆聽。也許我暫時不能接受你全部的行為和想法，但是我接受此時此刻的你。若你能給對方如此感覺的響應，對方一定會覺得舒服自在，更願意繼續和你深入溝通。

第二種：拒絕、抗拒或是辯解式的回應

當伴侶到家後興致勃勃地和你分享新鮮見聞時，你的回應卻十分冷淡：「這沒什麼大不了的，我早有耳聞。」他跟你提到某個好玩的事物時，你卻情緒不佳地和他抱怨：「你跟我講這個幹嘛？你會給我買嗎？你會帶我去嗎？你有本事拿到嗎？」

你所表現出來的冷嘲熱諷、憤世嫉俗，或是強勢、霸道、挑剔的姿態，都充斥著防衛性的能量，好似隨時準備吵架的態勢，對方必然感受得到，也會變得不愛跟你溝通，無法抑制地想要和你吵架，甚至開始採用冷暴力，拒絕任何溝通。

第三種：情緒或言語上完全冷漠的回應

這種情況是指，不論對方說什麼，你都視若無睹，埋頭做自己的事，一臉漠不關心，還會刻意岔開話題，表現出戒備心、有敵意或者沒興趣響應。此時對方接收到的信號就會變成：你不在乎我、你對我退避三舍、你對我說的事情毫無興趣、你太忙、你懶得花時間

給我、你需要自己獨處的時間、你甚至不想跟我任何牽扯……

以上三種溝通回應方式中，第三種的傷害是最大的。保持冷漠或不予回應，就是徹底割裂了彼此的情感連結，讓人痛苦無比。冷戰進入常態化的夫妻，通常會比經常吵架的夫妻離婚率高很多，快樂的指數也相應低很多。

我們一定要常常檢視自己的回應方式究竟屬哪一種，如果你一直在第二種和第三種回應方式之間兜兜轉轉，沒有辦法把自己帶回到第一種高活力的回應狀態，那麼你可能需要去聽一些療癒的課程，做一些情緒和創傷方面的治癒，以此來釋放自己的負面情緒，把自己對這個世界、對原生家庭、對父母和對其他人的不滿，從伴侶身上收回來，別讓對方成為你負面情緒的代罪羔羊。

為什麼人和人之間的回應能力，會有如此大的差異呢？這背後其實存在著三種主導因素，會影響我們成為一個懂得「回應」的人。

一、天生的性格以及原生家庭的影響

在我們還是嬰兒時，每一次哭鬧都可以視為一種邀請，如果有人能時刻正面響應這些情緒上的邀請，那我們將會是最幸運的小孩。

嬰兒哭鬧的原因眾多，也許是因為肚子餓，也許是只想要個抱抱，但在那一刻最需要的是情緒上的安撫。從孩提時代起能否得到這樣的安撫，會對我們一生的幸福產生深遠的影響。如果我們從小就感受到充沛的情感上的抱持，堅信只要有需要就有情感的連結，長大成人後也會具備和別人情感連結的能力。

反之，在嬰兒時沒能得到足夠關愛的人，他們的心理年齡會有一些停滯不前，呈現出「巨嬰」、自戀、強烈自我中心、完全沉浸在自我感覺當中的狀態。這類人的邀請能力就比較差，溝通能力及回應他人情緒的能力也毫無所長，任何事情都以自己的觀點去評判，當伴侶遇到什麼事情、受到任何委屈，他首先考慮的都是自己的福祉和利益，絲毫不為對方著想。

二、一方或是雙方懷有積怨

有時，雙方都沒有意識到自己的內在懷有積怨，他們通常會故意使用切斷連結、不予回應、拒絕溝通等方式來表達憤怒。如果你意識到問題所在，千萬別再繼續下去，除非你就是抱著想讓這段關係結束的目的。

積怨好似親密關係裡的毒瘤，亦如同深埋其中的定時炸彈。如果你已覺察到自己對伴侶懷有積怨，就需要好好回觀自己，看看自己能否勇敢地敞開心扉，尋找適當的時機和伴侶開誠布公地談一談，或者藉機療癒原生家庭揮之不去的痛苦。

已經清楚意識到問題所在卻無力改變，只能眼睜睜看著關係走向終結，這類人都具有自毀的傾向。他們通常會用各種方式自我傷害，不僅自殘身體，連情緒、福報、關係等都會受到影響。

愛上這樣的人，可以說是厄運的開始，抑或是你全新修行的起點。因此，在關係裡，最好的局面就是追求雙贏，除非你毫不在乎這段關係，隨時結束都在所不惜。

三、自我保護意識太強

這類人擔心自己的任何表達方式都會被拒絕、被批判、被攻擊，因而他們乾脆緊鎖心門，絕不外露脆弱；抑或採用非常迂迴的方式表達訴求，寧可讓對方霧裡看花；抑或用非常客氣的語氣和態度來疏遠對方，以免被拒絕時承受太多痛苦。

喜歡採用這種溝通方式的人，跟他人的情感連結能力就會比較差。當你遇到這種自我保護意識太強的人，也許要先讓他有足夠的安全感，同時不要在乎他用什麼方式去表達自己的需求。

能夠表達，或許已經是他能做出的最大的努力，等他有安全感，對你信任有加，自我保護意識就會相對降低一點，你們溝通起來就會愈來愈舒服。

一段真正健康的親密關係，伴侶之間一定要建立情緒的連結，雙方都可以在對方面前自我揭露，在心靈層次進行交流，亦可以將內心不為人知的一些想法、經驗和秘密一吐為快。正確的溝通在其中的作用就好似一座橋樑，至為重要。

總而言之，當我們好好地成長和療癒自己，擁有愛別人以及被愛的能力，才能讓真正的愛在關係裡生根，進而擁有一場高品質的相遇和陪伴。

親密關係裡的所有功課，都是生命贈與你的禮物，要好好接住它，哪怕有時候看似有些糟糕，也是老天爺珍貴的饋贈。我們可以從中獲得成長和進步，一旦眼界提升，就能看到一個更深層、更不一樣的世界。

·自我練習7·
最好的溝通方式

Chapter 8

親子課題 如何因為有孩子而更快樂？

孩子是夫妻恩愛的見證和結晶。然而，育兒過程中的瑣事若處理不好，往往會演成為婚姻衝突頻頻爆發的導火線。如果你正打算和伴侶擁有自己的孩子，最好提早就孩子的教育理念進行碰撞磨合，否則孩子的相關議題一定會成為日後婚姻關係不睦的風暴中心。

我曾提過，其實婚姻中 70％以上的問題都是無解的，若只寄望於婚後有無盡的時間可以磨合，恐怕夫妻雙方就只能在不斷的爭吵、退讓、遷就、自我犧牲等循環中勉強度日。育兒觀念的最佳磨合時機是從婚前開始的，婚後只需在共同理念基礎之上延續和發揚光大。

你和伴侶的生育價值觀是否一致？

要使「擁有孩子」這件事變成婚姻合夥公司的加分項，具體需要做哪些準備呢？最為重要的是，確認你和伴侶的生育價值觀是否一致，有以下三個方面可以當作參考的標準：

一、婚前需知：瞭解伴侶能否理解和體諒身為女性在懷孕這件事的難處

懷孕生產並不僅僅意味著女性在生理上要承受痛苦、做出犧牲，與此同時還可能在心理上經受巨大的考驗。

我自己孕育過孩子，懷孕時不僅身材走樣，妊娠紋還會慢慢蔓延，女性要一天天見證自己肚子上的妊娠紋變多，並且更為殘酷的是要接受和它一輩子和平共處的事實。尤其在懷孕中後期的幾個月，女性的身體要承受兩個人的重量，不只腰部開始痠痛，行住坐臥都笨重不便。隨著孕期激素分泌的巨大變化，女性的飲食、睡眠都會受到影響，情緒也變得敏感脆弱，整個身心都陷入巨大的折磨之中。苦苦熬過懷胎十月，一朝生產也可能是困難和危險重重。

除了身體上承受的痛苦和無奈的犧牲，女性在心理上也要經受巨大的考驗。據統計，有相當一部分女性，因為孕產期荷爾蒙的巨大變化，激起了她們早年時期的一些心理創傷，抑或因為孕產期準備不足而導致強烈的心理落差和恐懼感，令她們陷入憂鬱的狀態難以掙脫。

試想一下，數月前還是需要關愛的女生，一朝就變成哺育下一代的母親，當身體的劇烈疼痛和虛弱的狀態還未褪去，這時就有一群人前來審視她能否成為稱職的母親，幾乎所有人都圍著孩子表達內心的喜悅，卻少人在意你的所感所想。這樣的場景想想都讓人感到窒息。

此時，男性作為丈夫和父親，需要充當女性的定海神針，在她情緒波動時穩穩地托住她、抱持她，做她最堅強的後盾。如果你的伴侶具有這樣的意識和能力，你自然十分幸運，可以放心和他組建家庭、生兒育女。如果你的伴侶共情能力欠佳，且在婚前就自以為是地認定：生孩子每個女人都會，怎麼偏有人這麼矯情，衣食無憂、溫飽無虞就不錯了呀，哪來那麼多是是非非？倘若不巧遇到這類男人，若你仍義無反顧步入婚姻，就要敢於放棄他在懷孕生產這件事上的「參與感」，要麼就對婚姻大事三思而後行。

二、育兒的核心觀念：身為父母，我們能否把自己的期望過度投射到孩子身上

關於養育孩子，有兩個關鍵問題需要雙方認真思索和探討。

首先，養育孩子的目的是什麼？是傳統意義上的養兒防老，還是單純因為自己喜愛小孩？是奉父母之命必須為之，還是不小心懷孕了不得不為之？

其次，養育孩子的意義是什麼？談論「育兒」這件事的前提，是務必想清楚這個問題的答案。育兒絕非只是把孩子撫養長大、衣食無憂即可，而是在培養和塑造一個獨立的個體。身為父母，個人價值以及未來的幸福，能否全部寄託在孩子身上？請記住，這是你自己的人生，他也要為自己的人生負責。

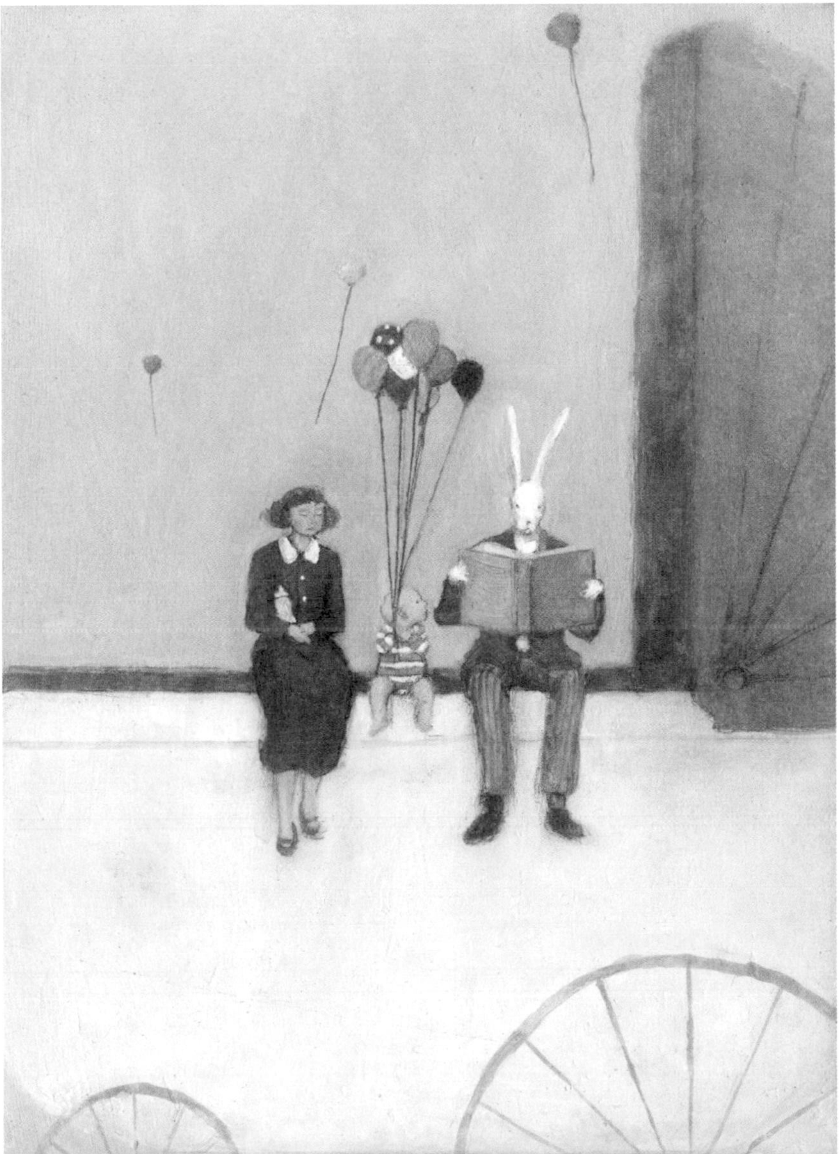

不得不說，有的人養育孩子的確是為了老有所依。他們對未來充滿恐懼，秉持著養育孩子的意義就是培養孩子有所成就，待父母年邁時可以反哺，不至於孤獨終老的信念。然而，很多抱有如此想法的父母都被現實狠狠打臉，實際情況往往是父母含辛茹苦養大孩子，他將來反哺報答父母的機率卻微乎其微，更何況當下壓力重重、新型啃老愈來愈興盛，年輕人不願意拚搏奮鬥，如果父母經濟實力優渥，他們就習慣於躺平和依賴父母，一路啃到老。

著名的女性主義作家上野千鶴子曾說，她擁有將來可以一同養老的好友，而且他們的年齡都比自己小十幾二十歲，所以即使衰老到行動不便，還可以倚靠他們幫忙做一些保姆不能決定和處理的事。也有人提議，倘若決定不要孩子，可以早早存好錢，待年紀大了需要有人照顧時就搬去住養老院。雖然如何選擇沒有絕對的對錯之分，但切忌頭腦一熱就做出令自己後悔終身的決定。

除了養兒防老的誤區外，父母還常常不由自主地把自己完成不了的，或者一生沒能達到的成就寄託在孩子身上，期待孩子能改變自己的人生。有這樣一個故事就給出了生動的對照：有一群媽媽聚在一起聊天，一些媽媽驕傲地說：我的孩子上了臺大、我的孩子上了政大、我的孩子很優秀、拿到了什麼獎、為了全心培養孩子做何犧牲都值得……

一位媽媽打斷了他們的發言，直接問道：你們這些上臺大、政大的孩子們現在都在哪兒？媽媽們紛紛回答：都在國外，一年都難得回來一次。此時，這位提問的媽媽緩緩道來：我的孩子們學習都很普通，但我兒子在家附近開了一家早餐店，我每天早上步行不遠，就可以到他的店裡吃早餐，順便幫他招呼一下客人，然後還能陪孫子玩樂一會兒。我女兒開了一家美容院，有時下午我會到她那裡按摩、做臉部護理，跟客人談天說地，我覺得我的日子過得挺滋潤的。

身為父母，如果你望子成龍、望女成鳳，希望由孩子實現你以前未能實現的理想，甚至不惜逼迫、打壓他們，只為了讓孩子能有所成就，你就要預想到，因為你的深深傷害，你和孩子之間的感情和親子關係可能也被你親手破壞了，而之後孩子也許要用一輩子來療癒自己童年的創傷，他也因此可能無法擁有幸福快樂的人生。因此，讓孩子擁有幸福快樂的能力以及內在發展的品質，這些對父母而言不是更為重要嗎？

一直以來，我很注重孩子的自尊。在養育他們的過程當中，我會非常重視他們的自我價值感以及我們彼此之間的關係。我還會教導他們，你們要為自己的幸福快樂負責，媽媽沒有辦法一輩子陪著你們，幫你們把阻礙自己快樂的障礙全都掃除。我只能陪伴你們一段時間，到十八歲成年了，你們去讀大學時就要靠自己了。給予孩子無條件的愛和自由，讓他們從小就擁有快樂的能力，這就是身為父母給與孩子最好的禮物。

❉ 三、在結婚或者要孩子之前，要和你的伴侶確認——你們能否相信他是一顆完整的種子？

當我們把孩子看成一棵樹，他是葡萄樹就會結出葡萄，是蘋果樹就會長出蘋果，父母只需要提供土地、陽光、水和養分，以及用溫暖和愛意提供庇護，讓孩子體驗他的人生，成長為他原本應該成為的樣子，展現出自己最美好的特質。

每個孩子都有自己難能可貴的天賦，我們要尊重他，而不是極力控制、壓抑、修剪和束縛他，妄圖把他改造成你想像中的樣子。如果你期望他按照你的想法去生活，對他抱有極高的期待，這無疑對孩子而言是壓力重重和充滿痛苦的。因為他明明是一棵芒果樹，結出來的果子只能是芒果，你卻覺得芒果太甜，偏偏喜歡酸酸甜甜的橘子，就妄圖把孩子變成一棵橘子樹，以致孩子一生痛苦，你們之間的關係也不會很好。

我曾經聽過一位育兒專家的真實故事。他千辛萬苦把兒子培養長大，送到美國一所一流大學讀書，結果孩子到達不久就遺憾自殺了。即便如此，育兒專家也沒間斷網路直播，口口聲聲說他尊重孩子的一切決定，甚至完全尊重兒子在美國自殺這一選擇。

這位育兒專家是單親父親，獨自照顧孩子，單是每天給孩子準備餐食就盡心盡力，可以連續一百天菜色都不重複。其實，他對孩子設置了多重束縛、規矩、原則，希望把孩子培養得優秀、有教養。如此想來，他的孩子可能過得非常不快樂，無法在父親劃定的圓圈裡自然生長。這位嚴父應允孩子，到美國後他就自由了，他萬萬沒想到當他進入一流的大學就選擇了結束自己的生命，也許因為他覺得自己畢生的使命達成了，因為父親要他做的事他都做到了。

試想這就是為人父母想要的結果嗎？我不知道。這位育兒部落格版主似乎一直在用孩子刷自己的存在感，不論孩子發生什麼事情，都是他用來刷存在感的工具，甚至直到孩子的離開，他照樣在網上宣揚：我的孩子做了他的選擇，我接受且表示尊重。

我不禁有此疑問：孩子小時候想要吃零食的時候，你怎麼不讓他自己選擇，而是讓他吃你規定好的一百道不重複的菜呢？不得不說，這樣的父母真的有一點喪心病狂，他養育孩子只是為了他自己、為了傳宗接代，甚至為了讓自己有面子、為了自我感覺良好，孩子只是他生命中的一個工具。我個人非常不認同這樣的父母。

做父母其實是一門很難的功課，但是很少有人去虛心學習如何為人父母。我希望看到這裡的你，能夠成為不一樣的父母，尊重孩子自然的本性，幫他發掘自身的優點和美德，比如專注力、同理心、探索欲，以及對環境整潔美好的熱愛等。更重要的是，要培養他自己找到幸福快樂的能力。充分尊重孩子的天賦，讓他成為他自己，而不是把你認為正確的模板套用在他身上，妄圖規定他要活成什麼樣的人。

以上三個價值觀，如果有你背離的地方，希望你先調整好自己再決定是否生育孩子，以免在毫無準備之下，進入一段令你苦惱不堪的親子關係，傷人又傷己。如果你的伴侶在以上三點價值觀上存在和你不一致的地方，你們也需要協商好再探討生育孩子的問題，否則不僅殃及親子關係，你們的婚姻也勢必水深火熱。

你和伴侶是否能對生育孩子的細節達成一致？

在生育孩子前，我們要和伴侶確認好四個重要的細節。如果你們的價值觀磨合得差不多了，在你們真正付諸行動之前，也建議你們好好坐下來談一談細節問題，因為很多日後的衝突都是生活上的細節釀成的。

一、孩子的養育方式

當孩子出生後，父母就要全面負責起他的哺育問題。養育過孩子的都知道，新生兒必須二十四小時有人照顧，需要夫妻雙方事先協商和安排妥當。

如果母親選擇不上班，全身心照顧孩子，再加上沒有人幫忙，這位母親的狀況恐怕令人堪憂。因為她需要不間斷地陪伴孩子，餵奶、換尿布、洗澡都要親力親為馬虎不得，又礙於小孩還不會說話，所以一切全靠猜測和百度百科，這個過程一定讓人覺得疲倦崩潰。

孩子的養育問題絕無小事。哪怕只是細枝末節的事情，夫妻雙方也需要溝通，否則將來因為嫌隙不斷滋長也會演變為婚姻中的巨大矛盾。比如，媽媽十分在意孩子的食物營養健康，但是爸爸滿不在乎，認為孩子愛吃就行。當媽媽頻繁看到孩子在吃不健康的食物時，她會忍不住提醒爸爸去管管孩子，但是爸爸仍舊不以為意，這個時候雙方就很容易發生衝突。

因此，給孩子營造健康的成長環境、養成良好的生活習慣，一定要父母先達成共識、一起努力，不然實施起來就會矛盾重重。不僅如此，孩子習慣的養成，是由耳濡目染、環境造就的一個結果，在此過程中，父母要彼此校準，雙方不要形成太大的差異。

二、孩子的學習

在對待孩子學習這件事，你們的觀念能否達成一致，又能否幫他養成能為自己負責的習慣？至於將來他想上什麼類型的學校，是私立學校還是雙語學校，這些事都需要共同商量。雖然這些決定並沒有絕對的對錯之分，但是倘若兩個人的想法天差地別，就會爆發巨大的家庭衝突。

我從小就讀的是十分普通的公立小學，而我的堂兄妹、表兄弟們去的都是昂貴的私立名校，他們一個學期的學費可以抵我三年的學費，但是最終我是整個家族裡面學習最好、表現最優秀的。因此，孩子的天分是不會因外界環境被扼殺的。不過，夫妻雙方還是需要事先討論和瞭解對方的想法，先達成一致，才可以盡量避免衝突。

至於課外學習的部分，孩子個人的興趣和天賦才是一切的主導。父母可以鼓勵孩子去嘗試自己喜歡的東西，找到真正的興趣愛好。切勿橫加干涉，從旁指導。孩子三分鐘熱度實屬正常，很多孩子都是在多種嘗試之後，才找到自己的興趣愛好。

如果你或者丈夫都認為，花錢學習就一定要學有所成，哪怕不喜歡也不准放棄，不能對不起付出的金錢，那最好就不要讓孩子學了，免得留下心理陰影。

❖ 三、孩子的日常管教方式

如果孩子叛逆不聽話，身為家長要如何處理？是否小以懲戒？體罰警告？還是可以關小黑屋，讓他深刻反省？這些都需要父母彼此達成一致。

我小時候也挨過父母的打，我的孩子小時候也被我揍過，當然都不屬發洩式的暴打。只是通過小以懲戒的方式告訴他，什麼該做、什麼是萬萬不能做的，對此我現在是深刻反思的。

父母發洩式地痛打孩子，尤其是因為發生一點小事或無緣無故就打，這是萬萬不可取的。我個人很反對暴力對待孩子，如果回到從前，我斷然不會再如此對待他們。雖然我被氣到失去理智打他們的次數不多，但是我的兩個孩子心裡都對挨打的經歷印象深刻。

我女兒回憶起來說：媽媽，你那天打了我以後，還帶我去一棵大樹底下吃冰淇淋，那天的陽光很好。這些細節她都記得清清楚楚，足以說明這是一個非常傷害她的自尊和安全感的事情。好在我平常一直是平易近人的媽媽，偶爾他們不聽話胡鬧時，才會氣到打他們一下，兩個孩子對我的信任感沒有輕易被改變。

然而，當我深入瞭解，發現一些被父母暴力相向的孩子會罹患一種名為「邊緣型人格障礙」的心理疾病。因為時常被父母發洩式地暴打，甚至不明所以就遭到暴力對待，孩子的意識出於自我保護就會出現游離的狀況。這樣的情況會造成孩子沒有辦法發展出穩定而成熟的人格，他們會變得小心翼翼、極力討好他人、內在毫無安全感，甚至常常生出無名的恐懼。當他們步入社會，人與人之間關係的建立和發展都會面臨重重困難。

此外，關小黑屋的體罰方式也有巨大的危害，可能會誘發孩子的幽閉恐懼症，讓孩子怕黑、怕獨處，進而造成巨大童年陰影和創傷。

可以說，孩子的很多心理問題，都是父母教養不當的結果。因此，關於孩子的日常管教方式，父母一定要事先溝通好，不能等孩子出生後才邊養育邊磨合，待傷害已經造成，一切就為時已晚。

四、夫妻之間的分工

夫妻如何分工照顧孩子，這也是需要事先約定好的。比如，孩子尚小，可能爸爸工作忙，無法每天關心孩子的日常起居。但是等孩子成長到一定年齡以後，學業功課、心理成長、娛樂鍛鍊這些事情可能都要做一些約定，讓爸爸在這個階段承擔更多的責任。

這些事項看起來都很瑣碎，但是對一段婚姻關係的經營有著非常重要的意義。大家最好在婚前商量好，比如爸爸負責陪他寫作業，媽媽負責陪他玩，免得發展到喪偶式育兒的局面，或者兩個人因為觀念不同引發巨大的衝突。如果父母任何一方缺席了孩子的成長，將來都可能導致自己付出慘痛的代價。

我一再強調，婚姻就像兩個人合夥開公司，孩子是你們合夥公司用心經營的產品，如果你們的價值觀相差太多，意見也無法統一，產品一定打造不好。你們共同公司的利潤，也就是家庭成員的幸福快樂指數也一定不高。

因此，請記得用你的理性腦在婚前把這些事情想清楚，並與伴侶協商一致。只有這樣，我們才能既步入幸福的婚姻殿堂，也能以最好的方式撫育下一代。

·自我練習8·
寫給孩子的一封信

·冥想3·
療癒墮胎創傷

Chapter 9

原生家庭課題

擺脫束縛，享受親密

原生家庭不僅對每個人的一生都有揮之不去的重要影響，更是決定婚姻品質的重要因素。在本章中，我想與大家共同探索和剖析親密關係中原生家庭的議題。

原生家庭到底會如何影響我們的親密關係？而我們又該如何療癒原生家庭帶來的創傷呢？

看清原生家庭對一個人的整體影響

發生在原生家庭中的任何事情，包括家庭成員之間的相處、互動模式，這些都會從小塑造一個人的個性，影響他的人格發展。與此同時，原生家庭也會左右個體的情緒管理能力，為其人際關係互動模式，甚至婚姻模式奠定基調。

我們在原生家庭裡形成的情感習慣和思維模式，被稱為原生情節。受原生情節影響，有的人在選擇伴侶時會走向兩種極端。

一種極端是誓言要找到與父親或母親性格截然相反的人作為伴侶。比如，女兒自小就見慣自己的父親庸庸碌碌、受人欺負，和母親相處時父親總表現得懦弱無能，那麼女兒的內心一定無法認同父親。當這個女孩長大後，就會期望自己未來的伴侶是強勢能幹、獨當一面的人。在她內心深處中，從小到大父親表現出來的懦弱和無能是導致她痛苦的根源，她希望在自己的婚姻中不會重蹈母親的覆轍，於是一心想找與父親性格截然相反的人作為伴侶。

另一種極端則剛好相反。我有一個朋友，她的父親是名軍人，從小對她態度冷漠。可是，她在尋找伴侶時，仍傾向於尋找和父親一樣性格冷漠的人，而且最好是讓她愛而不得的類型。她和我坦誠相告，每次看到別的父親送女兒去學校，分別時會摸摸女兒的背，對女兒溫柔耳語，她就特別羨慕，讚歎世上怎麼會有對女兒如此好的父親。

在她一直以來的印象中，父親好像從未與她有過肢體接觸，也沒有婉言溫語地和她說過隻言片語，所以長大以後她不習慣任何男人在親密關係裡對她示好。之後，她在毫不知情的情況下，與一位已婚男士陷入愛河，他左右逢迎，但每晚必須趕回家為妻子下廚，得知真相後她一度悵然若失。

事實上，她在這段關係中是在重複自己童年的經驗，最終因為既「不習慣」被男人善待，也不希望被男人虐待，所以乾脆選擇養幾隻狗陪伴自己終老，從此不再談論感情。

我們從小被人對待的方式，會形成自己熟悉的一種慣性，並在將來的生命中不自覺地重複、創造出同樣的情境和感受，以此來體驗童年的熟悉感。我們的確是要為自己當下所面臨的情境負責的。

很多夫妻都在一定程度上內化了原生家庭中父母的行為方式，以至於在親密關係中，雙方的行為、認知、情緒都會產生一連串的固定連鎖反應。人們之所以總會把最糟糕的情緒留給最親近的人，正是因為習慣了所謂的親密，才會毫無保留地顯露出自己的本性。

我們從小感受最深刻的一份親密關係，通常是和自己的照顧者之間的，也就是我們和父母之間的關係。長大之後，我們會不自覺地在自己的親密關係中創造自己和父母之間的關係模式，或是複製小時候耳濡目染的父母之間的關係互動模式。

覺察自己在原生家庭中扮演的角色

在原生家庭裡，通常每個人都會選擇一個角色扮演，這會形成他在未來所有關係裡面行為背後的驅動力。扮演角色時，我們需要人格面具，而這個面具一旦戴上，這輩子都很難脫下來。克里斯多福・孟老師曾提過家庭中孩子扮演的五種人格面具的特點，內容十分值得深思。

第一個面具叫「英雄」

這類人喜歡拯救別人，為家人操碎了心。比如，有些孩子年紀尚小，卻天天擔心父母的關係分崩離析，還想方設法充當他們發生矛盾時的和事佬。

記得小時候的我真是勇氣可嘉。大概五六歲時，父母有一次爆發了激烈爭吵並大動干戈。我那時個頭矮小，根本無法制止這場衝突，比我大四歲的哥哥直接嚇到躲在角落哭泣，我卻搬了一張椅子硬要把爭執中的父母分開。他們見狀就跑到另外一邊繼續爭吵，我還不肯善罷甘休。

那個時候的我著實在原生家庭中扮演了英雄的角色，拯救家庭就是我的使命。果然，這個面具戴上之後很難再摘除。成年後的我也很喜歡以拯救他人為使命，尤其當我毅然踏上個人成長的道路時，簡直想發光發熱拯救眾生。時過境遷，我才恍然大悟，這個世界上沒有人需要你來拯救，你只需要拯救你自己。

當你覺得外面還有人需要拯救，那個定然也是你內在的縮影，是你內在尚未被整合好的部分。拯救別人也可能是讓自己獲得「認可」和「愛」的一種手段，哪怕自己不求回報，但還是常常陷入「我為你付出這麼多，你怎麼可以這樣對我」的內耗情緒之中。

當我在個人成長路上不斷成長，並且修正自己的英雄角色模式後，我就不會再似從前那般不計得失地付出。哪怕我仍然盡心盡力地付出，但能否得到應有回報，我都可以雲淡風輕泰然處之了。

❈第二個面具叫「小甜甜」

這類人喜歡討好別人，是很會賣萌、容易讓人滿意的孩子。不僅討人喜歡，還魅力無窮，長大以後也會延續這樣的性格特質。

一生中，每個人都可以扮演很多種角色，也可以佩戴多種面具。我的人格中亦存在「小甜甜」的分身，喜歡順應別人的要求、讓別人開心，且盡量與人為善，這是我從小時候起承接到的一個角色。

長大以後，這類人難免會變成「老好人」，不只委曲求全，還常常吃力不討好。若想扭轉這個困境，要試著扯下老好人的面具，時刻謹記你不需要取悅每個人，自己開心才最為重要。只有你過得開心，你才有能力照顧到周圍的人。

那麼，該如何撕下老好人的標籤呢？在此，我分享一個小小的技巧：當你不得不做所謂的「壞人」時，如拒絕別人的要求、為自己的利益挺身而出，抑或只是守住自己的邊界，請試著覺察你的身體感受。

也許，你會感受到洶湧而來的不適感，好似有人在重拳錘擊你的胸口，抑或扼住你的咽喉，讓你有窒息之感。要學會辨認這種感受，和它產生熟悉感，接受它的出現和存在，然後儘管做你該做的事情——該拒絕的時候去拒絕，該劃定界限的時候也要劃定清晰。

通過不斷的練習，你內在「拒絕的力量」和「捍衛自己權益」的能力會逐步提高，你會更加懂得如何在親密關係裡表達自己的真實需求。若是處理和父母之間的關係，就更需要如此快刀斬亂麻。現代父母大多會利用「情緒勒索」和「情感綁架」來控制小孩，我的父母就曾是個中高手，還好我學會了果斷拒絕和劃定界限，總能適當地制止他們對我無限度的控制和需索。

以上談及的兩種面具類型是相對正向的，下面闡述的三種面具類型較為負面，你可以對照自己是否正扮演著這樣的角色。即使曾經如此也沒關係，我們可以通過覺知、成長、學習，加以改變。

第三個面具叫「隱形小孩」

「隱形小孩」是無聲的孩子，在家裡聽不到他的聲音。通常當家庭氣氛比較緊張時，你會不自覺地選擇戴上這種面具。

因為父母之間憤怒的情緒似乎到達了頂點，家裡四處彌漫著緊張的氣氛，衝突也一觸即發，你只能做個隱形的小孩，這才是最安全的選擇。否則，處於煩躁狀態的父母一旦留意到你，你可能就會成為他們情緒發洩的對象。

習慣於這種面具的孩子，長大以後也容易成為隱形人，在團體裡毫無存在感，在群組裡從不發言，在公眾場合也表現得矜持含蓄，習慣於讓自己不被看見、不被聽見，可以說將不被重視的角色精神「貫徹到底」。

想要跳脫出這種角色模式，我們要學會和「感受」同在。當你要為自己發聲，或是需要被別人看見，抑或表達自己的需求時，你肯定緊張兮兮，也許身體也會有相應的部位隱隱不舒服。你要試著辨認出這個部位以及它的感覺，接受這種感受，並強迫自己走出舒適圈做出改變。

能夠這樣做的人都是勇士，因為他們願意挑戰自己的慣性舒適度，即使暫時不舒服，但最終他會為自己贏來應得的、該有的、長久的幸福和權益。

❖ 第四個面具叫「殉道者」

這樣的人會習慣性地犧牲自己來成就別人，從小就異常懂事，為父母分擔、為父母著想，無條件地付出和滿足父母的要求和期望，甚至還有一種極端的做法——有些孩子會罹患比較嚴重的疾病，來藉此拯救父母瀕臨瓦解的婚姻。

我認識一對經濟實力雄厚的夫妻，他們的婚姻早已名存實亡，但是因為有一個孩子一直患有嚴重的慢性病，如何醫治都不見效，他們完全沒有精力處理離婚事宜。作為朋友和旁觀者，我很想和他們說明，如果你們兩個人能和好如初，也許這個孩子的病就可以慢慢痊癒了，這聽起來雖然玄妙，但又是有跡可循的。也許是他潛意識傳達出了一種訊號，如果我身體抱恙，爸爸媽媽就要一起為我努力，一起關注我，這樣他們就不會分開。他們正是心裡十分清楚，自己的父母不會不惜孩子的健康而離婚。於是為了家庭的和諧與完整，孩子就會選擇犧牲自己。不過，我並沒有和朋友如實相告，因為我無法確定他們能否可以接受這樣的想法。

倘若你在關係中，也傾向於犧牲自己去成全別人，你需要向內覺察自己的行為動機。是單純為對方著想？還是希望通過自己的犧牲換取對方的感激，進而改變他的行為？讓對方出於感激而改變，這個機率非常小。我已走到現在的人生階段，還很少看到一個人會因為感激對方的付出而做出徹頭徹尾的改變。

相反地，大部分人都會因為對方的付出和犧牲而成為既得利益者。作為既得利益者的慣常嘴臉則是：我很好，我無須改變，你所做的一切都是你心甘情願的，與我無關，我完全不需要改變我自己，更不需要回報你。

時常扮演原生家庭的「殉道者」的人，在未來的新家庭中也會不自覺地扮演這樣的角色。一旦換不回他想要的感恩、尊重和愛時，他就會感覺格外委屈，轉而成為受害者的角色，感歎自己的人生怎麼這麼苦。

這是因為「殉道者」身上散發的犧牲能量，會被絕大多數的人利用而非報以感激之情。看清楚這個血淋淋的真相後，你會考慮摘下這個面具，換一個角色來玩你的人生遊戲嗎？

第五個面具叫「代罪羔羊」

有些問題小孩，愛頑皮胡鬧、愛招惹是非，著實令人生厭。其實，這樣的角色也是在承接家庭的問題。比如，在他的認知裡，只要自己製造出一堆麻煩，爸爸就只會打他而不會對媽媽暴力相向，甚至無暇和媽媽爭吵，因為父母要優先去處理他不聽話這件事。自願成為「代罪羔羊」的小孩很可憐，你可以看看自己的伴侶，是否從小就戴上了這個面具，倘若如此，遇到適當的機會要提醒他向內覺察。

當然，我自始至終提議的都是自我負責、修煉自己，而不是改變對方。切勿對內在成長略知一二，就粗暴地指責對方、殘忍地揭露對方的問題，這無異於在他們的傷口上撒鹽，任誰都無法接受。

我們要聚焦於自己身上、向內探索，覺察自己曾經是否扮演過「隱形小孩」、「殉道者」或「代罪羔羊」的角色，繼而思考你是否還要在當下的親密關係裡繼續扮演這種角色。因為這三種角色模式都只會讓你在婚姻和個人生活中一敗塗地，尤其是「代罪羔羊」的角色模式最為殘酷。

作為「代罪羔羊」的角色，從小就要擔負起家庭的所有問題，長大之後可能發生大反轉，寧可自暴自棄、變成躺平青年，利用自己的失意、失敗或意外慘劇來狠狠報復童年時遭受到的種種責難和被迫承受的壓力。這種潛在的心理模式很難被改變，除非當事人懷有無比強大的決心和勇氣，在專業心理諮詢師的幫助和自己的不懈努力下，或許還有機會漸漸擺脫童年的夢魘。

除了以上五種人格面具，我還觀察到曾經在原生家庭中被虐待長大的人，在進入親密關係後，反而會成為施虐者，這是一種細思極恐的現象。當然，也有一些人歷經過童年的不幸，進入親密關係後仍持續被虐待。

倘若你兒時曾被父母百般挑剔甚至毆打，或者情感冷漠疏離你，長大以後你就會不自覺地用同樣的方式對待伴侶。即便你的虐待讓他痛苦萬分，你自己可能還是處於無知無覺的狀態。曾經，某個脫口秀的男明星自曝妻子經常虐待和毆打他，導致他重度抑鬱，消瘦了幾十公斤，但是妻子本人並沒有覺得這是一種施暴或虐待。

我還認識一位女性朋友，從小一直遭受母親的精神虐待，身心都備受折磨。在親密關係中，她也無法自在地處理自己和伴侶的關係。她常常嘲笑前任男友現在的妻子，在精神內耗中消瘦不堪。可是，當她和現任老公在一起生活後，也因各種原因暴瘦如柴。

其實，她在親密關係中會不自覺地對自己的伴侶進行精神虐待。因此，切勿輕易相信和同情那些童年遭遇悲慘、長大之後還耿耿於懷的成年人，他們都帶著一種魔咒，不自覺地將負面的能量傳播給身邊親近的人。

總之，和自己的原生家庭和解至為重要。我們容易在親密關係裡，無意識地把愛人當成小時候的父母，繼續和他們完成我們未完成的課題。

大多數人都是在不知不覺中，複製著原生家庭的思維方式和行為模式，一代代地傳遞下來，進入無法掙脫的閉環之中。無論何時，我們都要帶著覺知和意識，以及堅強的勇氣和毅力讓自我獲得成長。

如何從原生家庭不良的動力當中解脫出來

一、看清自己的潛意識模式，在日常生活中保持覺知

原生家庭對每個人的影響都不可小覷，因而在親密關係中，我們要學會帶著覺知和伴侶相處，並願意探究和發現原生家庭曾給自己帶來的負面影響。

我們要在不斷的自我覺察中，逐步改變自己的應對模式。比如，在關係裡，要有意識地探查自己的所言所行是否傷害到伴侶？伴侶為何會做出這樣的反應？雙方爭吵的起因和背後的動力分別是什麼？以及下次該如何避免重蹈覆轍？

這是一個漫長的過程，並非有覺察的意識就能一蹴而就。起初產生衝突或者出現問題時，我們或許還是會本能地做出反應，繼續用舊有模式來回應當下的情境。希望你不要輕易

氣餒，事後複盤亦是學習良機：思考衝突是因原生家庭的模式而觸發的，如何在之後的同類情境中帶著覺知去應對，從而避免它再次無意識地發生。當你慢慢地從後知後覺，進步到當知當覺，甚至先知先覺的境界時，你就掌握了親密關係裡自己情緒的主控權。

二、和自己的父母和解

與自己的父母和解，是個龐大的議題。建議大家參閱我的作品《愛到極致是放手》，這本書裡談到了我和父母一路走來和解的過程。

與父母和解，有幾種不同的方式。首先，是放下。我不否認有些人確實枉為父母，不僅人品素質堪憂，還毫無覺知和意識，甚至到老都執迷不悟。雖然不一定要和這類父母和解，但必須在心裡放下他們，不要繼續被他們影響和束縛。

通常，我們無法放下父母的原因是對他們還心存期盼、期望，希望他們最終能承認自己犯了錯，或者做得不夠好、不是好父母，哪怕之後仍能給予你一點點想要的愛和溫暖。然而，事實上，他們可能終其一生都會讓你失望，所以不如在心裡將他們徹底放下，這也算是一種和解。

其實，真正意義上的和解，是你能理解父母的不易、接受他們的能力有限、坦然面對他們根本不懂得什麼是愛的真相。與此同時，你願意為此刻自己的狀態和快樂負責，並願意從內心裡放下父母。

還有一種放下叫臣服，即真正的接受，只有放下對父母的期待，才能看到——原來他們在每個時刻都曾努力對你付出了最好的關愛，但是他們的能力有限，做不到、做不好，或者根本不懂如何關愛你。這所有的一切，都會成為你命運的一部分。接受這是自己的命，並臣服於它。

真正的臣服之後，你才不會不甘心、不情願，而是能夠歸於中心、不帶期盼地去面對當下的他們。尤其當心裡放下對他們的期望和依賴時，你才能真正成長為情緒成熟的成人，不會再為自己幼稚的情緒不斷地買單。

三、回溯過去，擺脫原生家庭的創傷

面對外在的人事物，當你做出過度強烈的情緒反應，或是出現不符合現在年齡的情緒反應時，一定是原生家庭帶來的問題。

我常常看到很多男人，只要伴侶一生氣，他們就表現得手足無措。由於自尊心作祟，男人通常不願袒露自己手足無措的一面，所以表現出來的就是：你生氣，我也生氣，甚至我比你還憤怒。即便遠離你，對你採取冷暴力也在所不惜，只要不去承受伴侶的怒氣給他帶來的無力感即可。

這通常是因為他兒時一定有一位脾氣暴虐、難以取悅的母親。他自小在母親面前就束手無策，看見媽媽發怒，年紀尚小的他不知如何是好，只能無助地承接母親的怒氣。長大之後再碰到這類女人，即使她只是佯裝生氣，只需說幾句動聽的話、乖乖認個錯，她就可以破涕為笑，雙方便能重歸於好。可是，他明知如此，也不願這樣為之。因為這樣的狀況會觸碰到他童年創傷的按鈕，讓他回歸到童年，退化成無計可施、無法做出正確反應的小男孩。只是童年時的他，可能只有五歲，看到母親生氣，他無計可施，長大以後他便暗下決心，絕不會因為女人生氣就去哄她。

其實，正確的做法應該是，當伴侶怒不可遏時，要升起高度的覺知，不要再讓自己退化到五歲的幼稚狀態。要適時提醒自己：我已經成年，愛人生氣了，這只是她索求愛意的一種方式，她正處於痛苦中，需要我去化解她的情緒並撫慰她。我是成年人，我有能力這麼做。然後，硬著頭皮嘗試一次，如果女人識相地配合你，接受你的撫慰，那便是雙方關係走向良性循環的開始。

四、妥善處理被拋棄感

倘若伴侶原本答應陪你，但因為有朋友臨時邀約，便立刻改變主意，轉身對你說抱歉，你可能會出現強烈的情緒反應，憤怒或悲傷的情緒難以抑制，甚至感覺對方不愛我、不在乎我、為赴朋友之約而拋棄我時，你需要向內審視，因為如此強烈的情緒反應和成年人的情緒成熟度不相匹配。坦白來講，你們未來在一起的日子相當漫長，這種臨時爽約和失信，又有什麼非計較不可的呢？

試著回觀自己：兒時的你是否遭到父母的「拋棄」？比如，將你送至全天制學校就讀、到奶奶家度過整個假期、答應暑假帶你遊玩結果卻一再失約，或者父母為了生計背井離鄉去工作，導致你長久和父母相隔兩地，甚至發生老病死的意外再無見面的機會，這些經歷對幼年的孩子而言都是一種「拋棄」。

你可能正是因為童年「被拋棄」的創傷沒有得到療癒，才對愛人一點點的失信行為，如此沒有忍耐力和承接力。你需要回觀過去，去理解、看見並療癒童年未癒合的創傷。

現在的你已不可同日可語了，眼前的人也不再是需要承擔撫育責任的父母，你已經長大成人，有資源也有能力去面對這類情境。如果我們還沉溺在過去，看不見自己已經長大、已然不是那個手無寸鐵的弱小孩子，分不清楚現在和過去的不同，那你依然容易被過去的舊有模式牽制，只能反覆去體驗過去遺留的痛苦創傷。

五、發展彼此之間最好的相處模式

兩個人在親密關係中碰撞磨合後，會發現有些問題可以技術性地加以解決。不論何時，我們都可以用更有智慧的方式去解決親密關係中的問題，而不是不假思索就爆發天昏地暗的爭執，這樣太傷感情也傷身體。

每個人遇到的問題截然不同，每個人解決問題的能力也存在差異，我雖然沒有辦法告訴你通用的法則，但是只要你能夠調度好你的新腦（即理智腦），放下你兒時情緒的傷害，理性地看待眼前的問題，就一定都能夠找出技術性的解決方案。

在親密關係裡，雙方要建立良好的情感連接，最好能看見和接納彼此，覺察彼此的情感和情緒狀態，理解對方的感受並由此找到良性的情感互動模式，進而滿足彼此的心理需求，這是親密關係中至關重要的。

切勿和愛人總是糾纏在日常生活的瑣碎之中，要直抵對方的心靈深處進行靈魂的溝通。倘若你們都能做到這一點，雙方的關係就會有很好的發展空間，亦不會被動複製原生家庭裡父母婚姻的相處模式。

願大家都能夠成功地脫離原生家庭的不良運作模式，擁有全新而美好的親密關係。

・自我練習9・
寫給父母的一封信

・冥想4・
交還不屬於你的東西

Chapter 10

外遇課題　知道愈多，就愈看透

外遇出軌，是親密關係裡一個非常令人心碎痛苦的話題。

在現代婚姻裡，不只男人有外遇可能，女人發生外遇的情形也很多，這似乎已經成為司空見慣的現象。在親密關係裡，如果我們不幸要修煉外遇的功課，該如何面對呢？如何做才可以避免為外遇所苦呢？

首先，我們需要去瞭解和外遇相關的事情，當我們知道得愈多，就愈容易理解、看透，也愈能夠公平公正地去看待。

外遇的四個重點

一、沒有人是為了外遇才結婚的

當初走進結婚禮堂，信誓旦旦說好要和你共度一生，並且忠誠不渝的人，和後來背叛你、棄你而去的人，其實是兩個不同的人。我們每個人的內在都有很多種次人格，即存在不同的人格面向，有人甚至還存在心理障礙。其中，患有邊緣型人格障礙的人，會在不同精神障礙的邊緣遊走，具有多重人格且無法自我把控。

當不得不面對「外遇」這種事時，當初的美好期許也將瞬間崩塌，很多人都會備感崩潰。其實，人都是有多面性的，當我們年紀漸長、見識愈廣，就愈能夠去理解，甚至去包容。因此，不論外遇方和被外遇方，都會顯化出和平時截然不同的人格面向。很多人在外遇中，可以展露出日常生活中無法展露的另外一部分人格，比如喜歡冒險、探尋刺激隱秘的那部分自我，而被外遇的人，則可能被激起平常不會顯現的人格黑暗面和埋藏較深的心理創傷。

外遇的吸引力，除了荷爾蒙在作祟之外，還在於它會成為很多人當下的救贖，讓眼前的不滿、不如意和紛紛擾擾都有了緩解的空間。比如，暫時逃離夫妻之間枯燥、平淡、煩悶的日常，會讓人有喘息的空間，而那些令人壓抑、不愉快的事情，好像藉由外遇得到調劑，因而可以放下或者遺忘，甚至因此還可以讓這段婚姻持續向前。

有一些男性朋友就曾經跟我坦言：「倘若沒有外遇，幾十年平淡枯燥的婚姻生活，怎麼可能熬得下來？」聽起來好似他在為外遇找藉口，但是每個人的性格不同，有人會忠於他的承諾，可以為此忍耐平淡，過著一成不變的日子，但也有人既無法忍受這樣的生活，又擔心離婚帶來的嚴重後果，那麼外遇就變成了他暫時抽離婚姻的一個出口。這並非是為外遇之人找合理的藉口、替他們推脫責任，而是我們要藉此看清楚外遇背後真正的原因，避免它的發生，或是在它發生之後，不讓自己過於崩潰，用更好的心態去面對。

❉二、外遇帶來的不僅僅是刺激和愉悅，還包含了掌控的優越感和報復的目的

如果外遇的吸引力遇到求而不得的好勝心，就是激情的最佳保證。然而，大家有所不知的是，外遇本身還會讓當事人產生掌控的優越感，甚至獲得報復的快感。

為何外遇會成為報復的方式呢？因為在親密關係裡，倘若一方處於絕對的優勢並為伴侶傾力付出，但對方無以為報，甚至伴侶還常常負面情緒爆棚，面對處於絕對優勢的一方不得不收斂壞脾氣時，那麼外遇就會成為他平衡內心不滿、發洩和報復的方式。外遇對象的仰慕會帶給他些許安慰。

我聽過一個極端的案例。有一家連鎖美容院的老闆娘，精明能幹又會賺錢，老公甘居二線做家庭主夫。老公平常待她體貼入微、百依百順，不僅人長得帥氣、年紀還比她小。可是，有一天，她突然從美夢中驚醒，陷入夢魘之中。原來，她發現端倪時，老公已與自己身邊多名女性有外遇之實，其中包括她的客戶、家中的保姆、閨密，甚至她的員工、店長。對於女性而言，這是一種無法想像的信任災難，所以一夜之間她的內心世界全部崩壞。

也許這個男人需要尋找讓他的雄性荷爾蒙能夠展現的地方。他平時表面上完全屈居於自己的女人之下，內在卻需要足夠的智慧、強大的力量來平衡，如果他尚且不具備這些條件，就需要用一些比較低下的方式，比如外遇，來使自己在兩性關係當中取得平衡。

值得玩味的是，每次當我提到這個案例時，在場的女人都會為這位女老闆一掬同情之淚，但是男人的第一個反應卻都是：他是如何做到的？豔羨之情溢於言表。男女之別，在此盡現。

因此，在一段嚴重失衡的親密關係中，男女雙方都需要檢視對方是否採用一些不好的方式來平衡自己內在的感受。

❖三、外遇在某個層面來說，是夫妻雙方潛意識的一種共謀

這是很多靈性老師說過的，而這句話的本意是，夫妻雙方都可能想要外遇，只是比較大膽、不受道德拘束的那一方先採取了行動。

為什麼夫妻之間會有這樣的潛意識共謀呢？曾有一位心理學家說：這種共謀，其實源於雙方想要更進一步地靠近彼此的想法。他們的內在想要瞭解——如果我這麼做了，你能夠原諒我嗎？你還能夠接受我嗎？這也是親密關係中的一種試探吧。

也許，走過外遇傷痛最好的方式，並非去責怪對方，讓他永世不得翻身，而是把外遇當成瞭解婚姻、理解對方和探索自我的一種途徑。它能夠協助婚姻中的雙方去理解：為什麼在我們原本的婚姻當中，無法獲得在外遇當中能得到的那種快感、活力、喜悅和刺激呢？

當我們找到了答案，就會發現裡面包含了我們可以共同努力奮鬥的目標，它可以幫你對婚姻關係做出有建設性的檢視，並且創造和伴侶一起努力修復關係的機會。兩個人能一同成長，更加理解和接納對方，讓彼此再愛一次，這是最為重要的。

在婚姻裡，如果能把外遇處理得當，便可以把危機轉化為轉機，藉由外遇看到自己婚姻當中被長久平靜無趣的生活掩埋起來的可能性和不可能性，這就是外遇可以為你帶來培

育智慧和成長的機會。

❖ 四、對於外遇，大多數人一貫的想法是：外遇是背叛，背叛有罪，有罪的人應該受到懲罰，並且徹底贖罪。可是這樣想，並不能解決我們所面臨的問題

外遇的確會為關係帶來致命的打擊，雙方都會成為受害者，所以瞭解外遇的本質，比譴責和分手更具有建設力和療癒力。

如果對外遇一味地採取批判性的譴責、強硬的報復，不但雙方沒有辦法利用這個機會深入理解對方，當被外遇的一方過度沉溺於自己的冤屈、痛苦、嫉妒、報復，始終和伴侶勢不兩立時，對雙方和各自的家人都毫無益處，甚至會深深傷害到孩子。或許，外遇會讓婚姻終結，但它也有可能為婚姻開啟另一個新的篇章，這取決於當事人是否有足夠的勇氣、智慧和毅力去面對。

現代的婚姻都太過沉重，不僅要擔負以往傳統婚姻的架構，給予伴侶足夠的安全感，還要伴侶能夠愛我們、重視我們。既能在精神層面進行溝通，生活事務上共同承擔，個人情緒也可以被理解和安撫。不但是最好的朋友，還需是貼心的知己、可靠的伴侶、深情的愛人，可是將這麼多角色放在同一個人身上，幾乎毫無可能。當我們真正步入婚姻後，就會果斷放棄這種幻想。倘若婚姻之外突然出現讓我們燃起愛的火花的人，情形通常就會變得一發不可收拾。

在婚姻中，親密感和新鮮感，安全感和刺激感，兩者通常是無法共存的。相比之下，基於物質動機建立起來的婚姻，通常比基於吸引力和愛而建立起來的婚姻更加堅固。抱著婚姻就是合夥開公司、做生意的心態經營婚姻，會比純粹因為喜歡和愛、想要跟他天長地久而建立的婚姻穩固得多。

如果我們在結婚之時，賦予對方太多意義、太多責任，那就註定會在婚姻中收穫失望。當對方承擔了過多的期望和責任之後，可能也會想一逃了之，而逃跑的方式之一就是外遇，這會成為一個能夠增強他努力面對你這麼多要求的籌碼。

被外遇會觸碰你內在的什麼感受？

遭到外遇時，我們通常會感受到無盡悲傷、自我懷疑，屈辱感、占有欲、競爭心、報復心交織在一起，想親手毀掉對方的事業、報復他的家人、殃及他的朋友，情緒無法自控時甚至不惜暴力相向。

得知被外遇時，有報復心實屬正常，可是倘若你的報復行為會先傷害自己和你所愛的人，而不是你真正想報復的那個人，就需要三思而後行。我們可以允許對方犯錯，但不要將自己變成此生不想成為的那種人。

其實，很多人被外遇後，最大的痛苦來自於「我不夠好」、「一定是我有問題」的內疚感。我希望女性朋友們即使面對被外遇的課題，也不要自我懷疑，要堅信自己是值得的，不能因為對方的外遇行為就否認了自我價值。

當年，我得知自己被外遇時，感受到的是徹徹底底的寒心，那時的我對人性產生了巨大的懷疑。我實在無法相信，自己掏心挖肺對待的人，居然會用這種方式在背後去宣洩他在我們關係中的不平衡感。儘管如此，我沒有懷疑自己魅力不夠或是沒有價值，而是對醜惡的人性赤裸裸地在我面前展現感到震驚。

現在的我，當然能夠理解。可在當時，我還是承受著信任感粉碎之後帶來的巨大痛苦，但我知道所有的痛苦，都是來幫助自己修煉的。我也因為體驗過低谷時的感受，後來才能夠更加同理別人的痛苦，更有慈悲心和包容心去對待別人。

萬物皆有裂痕，那是光照進來的地方。不要懼怕痛苦，兵來將擋，水來土掩，相信不論什麼樣的痛苦，我們一定都扛得住。正如西方有一句諺語：凡是殺不死你的，都會使你更加強大。苦難過後，我們一定要讓自己因為這次痛苦的經歷而蛻變得更好，而不是白白吃苦。所有的閱歷、智慧、包容和理解的能力，都來自於苦難的磨練，而它們能夠讓你成為一個由內而外散發智慧光芒的優雅女人。這才是我們最終想要的，而不是和一個不值得的男人糾纏、怨懟、憤恨過一輩子。

外遇的種類及應對

其實外遇也有很多種，分為有意或無意的，認真或不認真的。如果外遇的一方是有意又認真的，那一定是婚姻內部出現了重大問題，他已經心灰意冷，決定另起爐灶；如果外遇的一方是無意但認真的，也許表示這是他們之間的緣分到了，而你跟他的緣分可能僅止於此，他們的緣分則比較漫長而深遠。所謂緣深緣淺，立見分曉，對此希望你坦然放下，而不要過於執著。

還有一種類型是「不認真的外遇」。其中一種是有預謀的慣犯，是故意為之，並且已經持續多次，反覆試探你能否容忍他；還有一種是無意間發生的外遇，他並非刻意為之，也許只是喝多上頭、出差一時興起犯的錯。

這四種外遇的類型，最後又復合的案例我看過很多，不論是有意無意、認真或不認真的，都有復合的機會。只要你把焦點放在「如何讓自己現在的生活能夠過得更好」，事情一定會有好的轉機。即便對方真的一時鐵了心要離開，我也建議你至少拖個兩年再離婚，尤其是你們已經有孩子的情況下。

現在離婚都要先經過一個月的冷靜期，有時因為在婚姻中受到過多束縛和壓抑，一旦碰到可以給他生命希望並燃起他熱情的對象時，一開始他肯定異常興奮。但是你要看他們相處一段時間以後是否依然如此，如果你能耐心等待，還是值得觀察後續發展的。

我老家有一對夫妻，男方有外遇，女方也沒閒著，因為都是公眾人物，所以新聞一出沸沸揚揚的，雙方都很難堪。可是，女方後來在臉書上曬出了一張全家福，那時孩子剛考上大學，她跟老公一同到機場送孩子。面對曾經紛紛擾擾的過往，兩個人居然還能重歸於好，最終相攜走下去，實屬不易。

由美國甜心梅格．萊恩主演的電影《大老婆的瘋狂反擊》，講述的便是一個鐵了心要離開老婆的男人最後如何回心轉意的故事，有興趣的朋友可以去看看。我想說的是，我們的每個行為、做的每件事情，都要為了將來能夠過得更好而鋪路，為了讓彼此都能夠變得更好而努力。如果你的所作所為都是基於此出發點，我相信你的親密關係一定可以經營得很好。碰到外遇時，大家都會處於低谷期，你唯一能做的就是一定要從低谷中重生。

如何避免被外遇

我們談了很多關於「外遇」的事情，但無論如何，沒有人希望在親密關係裡遇見如此心碎的功課。想要避免被外遇，該怎麼辦呢？

一、防禦外遇最好的武器就是——有能力接受對方的外遇，同時保持自己外遇的可能性

這個方法聽起來很荒謬嗎？可事實就是如此，你有足夠的能力去承受對方外遇的事實，就是防禦外遇的最好武器。與此同時，你要持續保持自己對異性的吸引力，讓自己隨時有被追求的可能性，這會給對方造成一定的心理緊張感和壓力。

我曾說，不能讓一個男人成為你生命的全部，尤其是你生命中的幸福來源不能完全來自於他。若能如此，你承受對方外遇的能力就會大大地提高，同樣的情況下，你抵抗外遇的能力也會提高。不過奇怪的是，這樣反而會使對方外遇的機率大幅降低，這是因為男人最需要「征服感」和「挑戰感」，當他覺得無法完全掌控你，就會大大降低他想要外遇的衝動。

二、在婚姻和關係裡，要警惕男性處心積慮所做的偽裝，也要給彼此適當的時間和空間

給予彼此適當的空間和時間，絕非對伴侶不聞不問或過度相信。遠距離的關係之所以容易出現問題，是因為在過分的信任之下，他可以輕鬆隱藏，而你對蛛絲馬跡也常常視而不見。

給予彼此一定的自由度和張弛有度的愛，很有必要，但也要警惕男性處心積慮所做的偽裝。幾年前，在泰國發生一名孕婦被老公推下懸崖、奇蹟生還的事件。其實，起初男人在追求女人時，就覬覦她的聰明能幹和千萬身價。男人佯裝愛她愛得不可自拔，甚至有一天女人一覺醒來，發現昨夜依依不捨離開的男人竟然就窩在她的大門前睡了一夜。她不解地問他

為什麼？男人信誓旦旦地回答：「因為我太捨不得你了，想早上起來第一眼就看到你。」當即這個女人的芳心就被男人收服了，在之後交往的過程中，男方也對她呵護有加、百依百順，但是最終她卻被他處心積慮地謀財害命。雖然女人僥倖躲過一劫，但細想這段感情真是萬分兇險。

因此，結婚前，我們一定要看清楚我們所選的男人的本性，切勿被他的虛情假意和拙劣演技迷惑。結婚以後，給予彼此適度的時間和空間，因為你愈是追著他、限制他、不給他自由，他就愈嚮往自由，這就是男人的天性和本性。

三、需要讓對方明白外遇的嚴重後果，並且清楚一旦外遇發生，自己絕不會回頭

防止外遇最好的策略，是加重他的外遇成本。在他尚未發生外遇前讓他知道：一旦你有外遇被我發現了，我絕對不會原諒你。我平常不去查你、監視你、管束你，但一旦被我發現，我就絕不會回頭。

那麼，怎樣才能加重他外遇的成本呢？首先，和他的家人、朋友相處融洽；若有機會，和他事業上的同事、老闆、合作夥伴建立聯繫和友誼。倘若你可以助他的事業一臂之力，也是不錯的加分項。一般而言，男人對事業的重視程度遠超過感情，他們更愛事業成功帶給自己的面子和成就感。如果你能為他在事業錦上添花，他的外遇成本就會顯著提高。

其次，如果你們兩個人有共同的孩子，外遇的成本也會比較沉重。最後，如果他在生

活起居方面十分依賴你，失去你就會讓自己變得步履維艱，那麼他也會為了避免麻煩而遠離外遇。當然，我並非建議你變成他的貼身保姆，而是在生活起居的細節上，請給予他細緻入微的關注和關懷，讓他覺得生活缺你不可。

我曾經遇到一位和我年紀相仿、受人敬仰的商業大老，他有個朋友曾和我坦言，這位商業大老早年其實很想離婚，但是倘若離開糟糠之妻，他恐怕連日常照料自己生活的能力都不具備，平常在家他可是連襪子放在哪裡都不清楚。因此，他定然曾經盤算過離婚利弊，如果權衡之下分手和外遇的成本和損失難以承受，就會斷然放棄。

四、兩個人可以事先約定，發生外遇的一方，離婚時需要淨身出戶

離婚時，財產分配傾向於被外遇的一方，也會在一定程度上加重外遇一方的離婚成本。

有一次乘坐飛機時，我遇到一位航空公司的機長，他是外籍人士，老家在中南美洲。他跟我講述了自己的情史，讓我幫他分析和指點。他坦言現在的女友是位年輕漂亮的空服員，雖然兩情相悅，但是他一直無法從婚姻中脫離。前一位空服員女友，已在苦苦等候他九年後毅然決然嫁給了一位男空服員。他短暫地傷心和緬懷後，轉眼之間就交了一個年紀比他小近二十歲的新空服員女友。他始終不願離婚最重要的原因，是因為在他所在的中南美洲國家，離婚簡直要一擲千金。我感覺他是心疼那筆錢，才遲遲不肯離婚。

換作是我，倘若婚姻走到名存實亡的地步，我的男人因為怕支付巨額的金錢而不離

婚，我也不想委曲求全繼續留在這樣的婚姻裡。我的第一次婚姻結束時，我幾乎是淨身出戶的，雖然前夫是有錢人，我將一窮二白，但我依然堅定地掙脫那段不適合我的婚姻。

在婚姻中，每個人的情況不盡相同。有人寧可守著失敗的婚姻到老，幻想老公年歲增長就會回心轉意。可是，倘若因為外遇的裂痕，導致兩個人平常相處得像仇人或毫無對話的陌生人，我認為這樣的感情早已難以修復。

其實，每個人心裡都有一把清晰的尺，兩個人能否重修於好，你再明白不過。有的人不肯離婚，只是因為嚥不下這口惡氣、執著於婚姻的名分，抑或不想輕易成全對方離婚再娶。倘若出於報復的心理，最終你自己也不會過得開心。報復是一把雙面刃，當你刺向別人的時候，另外一面一定是刺向自己的。

倘若在親密關係裡，我們不幸被外遇，希望大家都能夠以最圓滿的方式妥善處理。如果真的緣盡情了，放手也未嘗不是一種自由，不過這需要很大的勇氣和毅力來應對。

· 自我練習 10 ·
看見和接納

Chapter 11

分手課題

當我們不得不面對分離

分手，幾乎是在親密關係中，每個人都會歷經的痛苦過程。當一段戀情告終，我們不可避免地會生出不捨、遺憾、心碎、痛苦，甚至憤怒等多種情緒。在分手這門功課上，讓很多人困惑不解的問題大概有三類：

- 為什麼明明彼此相愛，還是會分手？
- 為什麼明明不愛了，卻不敢提分手？
- 如何避免被分手？

關於這三個議題，我要將多年的體悟與心得，與大家分享。

為什麼明明彼此相愛，還是會分手？

第一種原因：可能和一方或者雙方的性格有關

尤其有人格障礙的人，通常難以長久和睦相處。如果另一方的容忍度不高或者是知難而退的類型，這段關係就無法長久。

在人格問題裡，尤以缺乏安全感、人格不穩定的邊緣型人格最為嚴重。邊緣型人格的人，心理健康狀態堪憂，常常在自戀型、分裂型、多重型、躁鬱型的人格障礙邊緣遊走。即使雙方深愛彼此，但由於一方如此沒有安全感、內在自我極不平衡，再加上性格不穩定、情緒常常陰晴不定，都會造成兩個人之間的矛盾衝突不斷。

我看過一種情況，親密關係中的一方不斷地把自卑感、匱乏感、不安全感投射到伴侶身上，也許他不會直截了當地找伴侶的麻煩，但是對伴侶的朋友一臉嫌棄，總在伴侶面前表達自己對其朋友的不悅和厭惡。因為深愛伴侶，他也許會費盡心機地討好，即使伴侶未索取分毫，甚至毫不知情，他也會極盡全力地在伴侶面前展現自己勞苦功高的一面。如果伴侶沒有報以感激之情，他會生氣不已。當伴侶不贊同他的意見，甚至繞過他徵詢別人的看法，他會心懷積怨，又因內心受傷而伺機報復，言談之間也總會針鋒相對，甚至編造一些莫須有的情境，把自己塑造成受害者。

有什麼辦法可以化解這樣的局面呢？倘若明明知情，還要義無反顧地與性格存在缺陷的伴侶在一起，切記需要降低對伴侶的期望值，尤其不要賦予這段關係太多沉重的意義。否則，伴侶的一言一行都會被無限放大，即使是一句無心的抱怨、一個幽怨的眼神都會令你十分在意。當他頻繁地和你鬧情緒、時不時擺臭臉時，你的情緒也會隨之波瀾不定。

第二種原因：有的女人對伴侶過度挑剔和不滿足

我見過很多案例，明明伴侶各方面條件都很好，但不論伴侶如何做，另一方都百般不滿、無理取鬧，一直用各種責備和埋怨，讓伴侶感覺心灰意冷，直至對這段關係失去信心。即便如此，另一方不但不做任何反思，還往往反過來指責伴侶「一點都不愛自己」。這種情形在女性身上比較常見，畢竟相比事業，女性更注重親密關係，對伴侶的期待也更高。

面對這種情形，男性也許念及家人、孩子以及過去多年感情，會勉強留在妻子身邊，但是當耐心被疲憊不堪的婚姻消磨殆盡時，就可能成為他發生外遇的時機。當外遇成為事實，又恰好被沒有安全感的女人發現時，就會讓她認定自己不值得被愛、會被背叛的事實，這段關係也會變得更加辛苦和不堪。

在我看來，倘若因為這種原因分手，相當可惜。其實雙方並不存在實質性的問題，只需要女人去覺察到：自己的無理取鬧才是親密關係出現問題的主要原因，婚姻破裂的責任不應該由男方獨自承擔。女性需要不斷地自我成長，不能一輩子都做恃寵而驕的公主。

第三種原因：在沒有第三者介入的情況下，伴侶突然提出分手

在關係裡，有一方突然執意提出分手或者離婚，但卻給不出恰當的理由。這裡所說的「突然」，或許是被分手的那方覺得突然，但要求分手的那一方可能已經醞釀許久。遇到這種情形，我們需要注意的是，要分手的一方可能將分手或離婚作為一個手段，希望對方

能夠像當初戀愛時那般愛他、對他好、在意他。也可能因為兩個人日久倦怠，或者婚後對方更加專注於事業或孩子，才疏於經營兩個人之間的關係。

通常對男人而言，事業和興趣愛好是他們獲得自我成就感最多的地方。結婚以後，生活變得安定，而男人自身對婚姻忠誠，不渴望太多激情發生。此時婚姻對他來說，一切盡在掌握，所以不會再像熱戀時一樣傾盡心力對待伴侶了。

此時，如果伴侶沒有用耐心和智慧引導另一半，和他進行深度溝通，很有可能某一天就突然覺得日子難以為繼，一定要離婚或者分手才肯罷休。曾經有一個朋友和我談過他的經歷，他的老婆有一天突然提出要離婚，而且非離不可，態度非常強硬。可離婚以後，她回想起老公的好時真是悔恨交加，想和他破鏡重圓，然而由於離婚時，妻子的做法已經深深傷了他的心，所以他並不願意再復合，哪怕周圍的人紛紛勸他回心轉意。

在關係裡，即使我們對一個人的言行存有芥蒂、厭惡他的某種態度、對他憤懣不平，也千萬不要完全否定他的個人價值。畢竟，「感覺」是會騙人的，而兩個人的感情也不能光靠「感覺」來維繫。如果一時衝動就終止關係，可能將來就會因草率而終生悔恨，當事過境遷、物是人非，就難有轉圜的餘地了。

如果雙方已經存在嫌隙，切勿一味地無理取鬧、一味地抱怨對方有多差勁、一味地在心裡否定對方，然後堅定地選擇離婚，表現出一副千軍萬馬都不會讓你回頭的樣子。其實，有時兩個人底層的愛依然存在，只是需要一些時間冷靜和沉澱，從而喚醒當初步入婚

姻伴侶的亮點和優點，重新找回兩個人熱戀時的感覺和激情。

❖ 第四種原因：關係中出現了第三者

為什麼非常相愛的兩個人之間，還會出現第三者呢？有時對男人來說，第三者只是一種生活的調味料，或者是好吃的飯後甜點。他想在關係裡尋求刺激，想要調劑一下自己平淡無趣的生活。

如果女方發現男方出軌，通常都會要求離婚，但大部分的男人往往並不想就此結束婚姻。他們會承認過錯，想要挽留妻子，希望再給他一次機會。有的女性無法忍受背叛，態度十分堅決，一定要離婚才能洩憤。

建議女性可以分析一下伴侶出軌的原因，其中是否映照出了你們關係中本就存在的問題。比如，雙方的性生活是否和諧、彼此之間的付出和給予是否極不平衡。一個全然犧牲自己、奉獻給家庭的女人，在男人眼中並不具有任何性感的魅力。還有一種情形是，女人比男人更加優秀，作為伴侶會因為自卑而想從其他女人身上找回優越感。不過還有一類男性已是出軌的慣犯，他沒有辦法乖乖地待在任何一個女人身邊，他本性浪蕩，喜歡拈花惹草。

當女性遇到伴侶外遇時，可以冷靜一下，暫時抽離這個戲劇現場，靜候一段時間，然後理智地分析原因後，再決定你們兩個究竟適不適合走下去。也請思考一下，他身上的優點是否值得你原諒他一次。如果他還未成為慣犯，只是偶發性地用錯誤的方法發洩自己的不滿和調劑生活，那麼未來他是否可以用其他更加正向的方式達到同樣的目的，而非選擇外遇這種傷害你至深的方式呢？如果你對這段關係還抱有留戀，那就有溝通和商榷的空間。大多數情況下，婚姻都是可以被挽救的，如果確實無法繼續，等待一段時間再分手或離婚也為時未晚。

第五種原因：家人的干涉

家人的干涉也會成為兩個人相愛卻不得不分手的原因。在婚後比較常見的情況是，丈母娘或婆婆的各種干涉，讓原本感情很好的夫妻之間產生了裂痕。這種問題要徹底解決，做子女的要學會和原生家庭剪斷臍帶，脫離原生家庭的影響和束縛，從而樹立自己小家庭的邊界。

成年人要為自己的幸福和快樂負責，也要把父母適當地推回到他們應在的位置，切勿讓他們過多介入自己的婚後生活。尤其是女性，一定要在婚前審視你的伴侶是否對家庭有足夠的擔當。

如果他是一個媽寶男，任何事情都由媽媽說了算，沒有力量去和父母抗衡，那你需要慎重考慮你們的婚姻，因為當你選擇這樣的男人作為人生伴侶，相當於選擇和他的爸媽共度一生。與此同時，你也要去觀察他的父母是否明智，和你的脾氣秉性能否合得來，只有考慮清楚這兩個前提，你們之間再談婚姻才有意義。

❈第六種原因：生育的影響

很多女人結婚生子後，會把所有的愛都投注到孩子身上。這從一個面向說明，她對老公的愛很多時候也是出於母性的一種遷就和寵愛。因為孩子是比老公更為嬌弱、更加脆弱、更需要被照顧的存在，所以女性會不自覺地把所有能給予的愛都轉移到孩子身上。男人通常無法容忍伴侶忽視自己的存在，會做出各種叛逆的行為、甚至不惜外遇來作為他的反抗。兩個人的感情也會因此日漸疏遠，最終導致離婚的結局。

面對這種情況，女性需要保有覺知力，即便孕育了孩子，也要始終記得配偶才是你身邊最重要的人。在孩子、父母、配偶等具有重要意義的人當中，只有配偶是可以陪你走到最後的人。也許有人說朋友會比伴侶更長久，可是伴侶才是那個和你最為親密、日日夜夜陪你一直到老的人。等孩子成年後，你就需要放手，讓他擁有自己的家庭生活，那麼最終陪在你身邊的人還是你的伴侶。

因此，當老公抱怨你生了孩子後就疏忽他時，你一定要有技巧地應對，很多親密關係裡的問題都是可以巧妙地解決的，但更多的需要靠遷就、忍讓、妥協，甚至犧牲來化解。無論你採用什麼方式，總之不要忽略愛人的投訴，的確有很多人在結婚生子後，對另一半就沒有那麼關心和在意，最終造成兩個人關係破裂、無法挽回。

親密關係的融洽相處，是需要一定的經驗和智慧的。這也是大多數人為什麼明明相愛卻還是走不長遠的原因所在。如果一個人沒有經過學習和歷練，同時缺少一定的覺知和覺察，就很容易在關係裡屢屢犯錯。還有一部分人在關係裡內耗，卻遲遲不敢分手，最終傷人又傷己。

為什麼明明不愛了，卻不敢提分手？

✤ 很多人不敢分手，是基於一些現實的問題

比如，想給孩子一個完整的家，自己尚無足夠的經濟實力；沒有經濟基礎做支撐，離婚後的生活品質會大幅下降；不知如何面對家人、親戚、朋友，或者父母橫加干涉；離婚會被瓜分財產、造成經濟損失……這些現實的問題都會導致很多人需要鼓起勇氣才能結束婚姻關係。

還有一些人，是基於個人原因不敢離婚。比如，長期脫離職場，一直在家做全職太太，擔心離婚後沒有能力養活自己，或者不知道如何獨自面對離婚後的生活，更不知道如何跟身邊的人解釋和相處。因此要跳脫出「婚姻」這個熟悉的舒適圈，對他們而言是有極大挑戰的。

很多人把孩子當作不想離婚的藉口，但是這可能會造成孩子留在充滿暴力和情感虐待、不正常也不健康的家庭關係中，我個人覺得這種選擇對孩子的傷害更大。

捨不得已經付出的感情

我們不想分手，有時是因為在感情上投入了太多心力而捨不得放棄，有時則是因為貪圖一些外在的東西，比如對方可以帶給你豐富的物質享受、社會地位的優越感。還有一種情形，那便是自己有拯救者的情結或聖母情結，認為伴侶沒有我會過得很慘，所以我捨不得離開他，也不能離開他，否則內心會有罪惡感。

我覺得這種情結沒有對錯，重要的是我們需要在一份滋養的感情裡度過我們的人生。如果這份感情已經無法滋養彼此，只會讓你整日愁眉苦臉、處於焦慮不安的狀態，那麼你需要放下拯救者情結。不管將來如何，至少現在需要抽離出來，讓自己得以喘息，否則你的心力會被耗盡，兩個人之間關係最終也不會變好。

至於抽離的方式，可以是製造各自獨處的空間，雙方都冷靜一段時間，梳理內心的紛亂。慢慢地觀察這段關係的走向，再考慮是否繼續在一起。

害怕一個人的孤獨

很多人都抱有一種心態，寧可抓著一個不合適的伴侶也總比沒有伴侶好。其實，一個人的孤獨遠比兩個人的寂寞好。和不合適的人在一起，因為格格不入而帶來的痛苦會更強烈。

當一個人活到晚年，甚至到中年以後就能知曉，他能否擁有高品質的孤獨，他是否一個人也可以過得開心自在，這種能力是我們步入中老年生活後還能保持快樂幸福的重要指標。

因此，如果你年輕時面對分手，只是害怕孤獨而停留在關係裡，我鼓勵你縱身一躍、勇於嘗試。或許這份孤獨會讓你獲得飛速的成長，可以打開你的眼界，讓你更加深入瞭解自己的內心，讓你看到人生不一樣的風景。或許，你會遇到更好的人，也會遇見未知的自己，並找到人生真正的快樂和喜悅。

切勿因為害怕孤獨，而留在一段不值得留戀的感情裡，因為任何光陰都不值得被浪費。

不願意改變現狀，不想面對輿論壓力

在有些人的認知中，會覺得分手或離婚後，自己需要面對一個全新的未知世界，相較之下，當下這種熟悉的情況會更加安全一點。

然而，更「安全」並不意味著更「好」。你所不能適應的只是突如其來的改變，而不是真的想念那個人。你可能習慣於每天有人陪著你、和你一同進餐，或是週末兩個人能共度愉快的時光，可是當分手後，這些美好全部都會消失，你的內在會突然出現一個巨大的空洞，希望能得到填補。

建議大家要有耐心，慢慢養成新的習慣，讓自己試著享受孤獨，成為一個能接受常態孤獨和獨自生活的女性。

如果你做到了，就是一個內心非常強大的女人。一個女人如何能擁有強大的內在力量呢？其實就是靠吃苦獲得的，首先，要接受孤獨帶來的苦，慢慢品嘗，之後就會有新的體會和成長。

此外，分手後，你很可能會陷入自我懷疑和自責。其實，有些親密關係是註定會失敗的，無法分清誰對誰錯。每當質疑的聲音在腦海中迴響，我們就要轉移思考的方向，或者把注意力收回，專注在當下正在做的事情上。不要容許大腦去自我批判：你看，都是因為你不好，才會變成單身；也不要一味地感到遺憾和後悔。這些都是很耗費心力和能量的，會造成嚴重的精神內耗。

以上所說的三點，就是令很多人在親密關係裡即使繼續承受著各種痛苦，可還是不願意放手的原因所在。你是否也經歷過、或者正在經歷這樣的情緒和狀態呢？可以對號入座一下。無論如何，我還是建議，在必要的時候，「放手」這門功課是需要好好修習的。

如何避免被分手？

讓對方感受到你對他的愛取決於他對你好不好

這樣做會讓對方知道自己始終處於不穩定性當中。切勿讓他覺得，無論他如何對你，你都無法離他而去，否則他一定會愈來愈囂張。

讓對方深切知曉，他只是你生命中的一部分

在親密關係裡，你要做到，他只是你生命中的支柱之一。離開他，你也不會倒下，你還有家人、朋友、工作、事業、興趣愛好，而他，只是你生命中的一部分。

這是讓女人內在充滿力量的方式之一，可以讓你在關係裡有足夠的底氣。如果有一天他要棄你而去，你照樣可以過得很好。千萬不要天真地認為「沒有他不行」、「離開他就活不下去」這些理由能挽留一個人，也無須擔心「他走了之後你仍然過得很好」的觀念會讓他走得決絕、沒有負擔。如果他下定決心離開，即使有千難萬阻也難以挽留，因為很多情況下，人的良心只會建立在自己的利益之上。

大多數男人在條件成熟、時機到了要結束一段關係時，並不會考慮女人的切身感受，更不會因為女人傷心、痛苦、無助而為她留下來。只有極少數的男人，會因為不忍而留在女人的生命當中，大部分人都是該走的時候就消失得無影無蹤。因此，與其成為一個被拋棄的怨婦，不如現在就去做一個獨立自主的女人。

要試著在關係當中，創造自己的價值

我這裡提及的「創造價值」，不是為了伴侶才去創造自己的價值，而是因為創造自我價值，可以讓你成為一個更好的人，讓自己在關係裡占據優勢。一旦你們的關係出現問題、難以為繼，你所創造的價值也可以在別的人、別的關係上繼續發揮作用，並成為你個人魅力的加分項。

舉一些淺顯易懂的例子：

1. 廚藝不錯。

這是一個很強的加分項，即使餐廳的廚師做得比你的美味可口，但是親手做的意義完全不同。

2. 很漂亮、有氣質、穿著得體、打扮端莊、舉止優雅，從來不是一個不修邊幅的人。

和大家說一個不是秘密的秘密，男人都是「顏控」，看到漂亮的女人，尤其身材出挑的，總會感覺眼前一亮。雖然他們聲稱自己更注重女人的內在美，可是如果女性的外在條件不足以吸引目光，他們斷然不會有興趣深入探究，也許他們可能被女性的性格所吸引，但依然在意女性是否漂亮。

可以說，顏值是讓一個男人對女人產生興趣的基本門票，而顏值還包含了身材。身材姣好的女性，會給男人留下更為深刻的第一印象。因此，身材管理、顏值管理是女性一生都要努力的功課。當然，女性也更偏愛帥氣乾淨的男性。雖然我們總是強調男人的長相無關緊要，可是捫心自問，偶爾看到養眼的帥哥，任誰都會情不自禁地心花怒放，目光也會多停留一會兒吧？

我有位女性朋友，年輕時相當漂亮，每次和老公吵架，只要老公轉頭看到她的盛世美顏，氣就不禁消了一大半。然而，如今她已人老珠黃，在吵架這件事上，就要花費比較多的心力和功夫，老公才會消氣，矛盾才能解決，這就是很現實的問題。

3. 手上有沒有足夠的「人質」，可以創造女人獨有的價值，占據難以取代的地位。

比如，你是他父母心目中最理想的兒媳婦（受到認可的女主人），你是他孩子的媽媽（無法割捨的血緣關係），甚至你和他的家人、朋友之間的關係都非常融洽（徹底打入對方的人生社交圈），這些都是相當有價值的加分項。

如果他想和你分手，就會不自覺地去考慮眾人的反應，分手的代價也會相當高。因此，我們可以藉此一邊創造自己獨有的價值，一邊抬高對方分手的代價。

4. 能夠幫助他成就事業，或者對他的事業有所助力。

這種幫助，也許不是直接幫到他，而是你做的事情和他做的事情是可以連結的，是有助益的。年輕時，我完全沒有考慮過這些事情。隨著歲月的沉澱，我才恍然大悟男人最重視的終究還是自身的價值。他對事業的重視度永遠勝過家庭和婚姻，至於愛情，對他們而言就像絢爛美好的煙火，在那一刻綻放盡情欣賞就已足夠。

此外，倘若你擁有讓對方引以為榮的事業或者享有一定的社會地位和重要人脈，能為他提升自我價值感、擴充社會資源，這也是絕對的加分項，會讓你在親密關係裡更具有價值。

5. 在情緒上能夠理解他和支持他。

讓男人感覺被理解和支援，是女人最需要具備的情緒價值之一。英國現任國王查爾斯，大家很好奇他為什麼不愛年輕貌美的戴安娜王妃，而喜歡年紀稍長、依世俗眼光看容貌並不出眾的卡蜜拉呢？其實，正是因為卡蜜拉情商極高，能夠穩得住查爾斯的情緒，能為他提供足夠的安全感和充沛的情緒價值。

我們所看到的查爾斯國王，就像一個脾氣暴躁的小孩，在簽署皇室重要文件時，都能因為簽字筆沒墨水了氣到摔筆，像極了一個巨嬰。以戴安娜當年和查爾斯結婚時的心智成熟度來看，她並沒有辦法理解巨嬰的心理，自然更無法為這個她曾視為「王子」的男人提供他所需要的情緒價值。

6. 擁有相同的興趣愛好，能一起玩得很開心。

因為伴侶間的相處，最好可以像朋友一樣，一起在喜歡的事情裡體驗到快樂。

7. 成功男人的背後都有一個默默支持他的女人，很多國內的企業家也是如此。

真正成功而且能夠持久成功的企業家，背後都有一位高情商、既會照顧孩子、也會打理好家庭事務的好女人，可以為他免去後顧之憂，專心拚搏事業。對男人而言，事業是最為重要的，成就感和面子永遠在他們人生重要事項中位列前茅。

不僅如此，男人都很懼怕麻煩，離婚對他們而言是最麻煩的事情。如果一直有一位賢妻良母、人生伴侶能夠讓他後顧無憂地打拚事業，就是人生最佳選項。除非他的婚姻走到實在無法忍受的地步，那麼維持原配婚姻對這樣的男人而言，永遠是最好的選擇。

讓伴侶只是你生命中快樂的來源之一

對男性而言，事業第一，他們可以在事業中尋得成就感、獲得自我價值感。對女性而言，要讓自己擁有多種多樣的快樂和喜悅的來源，切勿把所有幸福快樂的來源都寄託在伴侶的身上。

與此同時，你也要支持對方去擁有屬於他自己幸福快樂的來源，而非全部寄託在你一個人身上。如果你要求他的幸福快樂只能因你一人而起，他去從事任何活動、和別的朋友來往，你都不開心，這是很危險的，也是無法持久的。

上面我提到的四個方面，都是可以讓你的親密關係走得長長久久的籌碼，也可以減少你被分手的風險，甚至增加伴侶和你分手的代價。

在親密關係的旅程中，關於分手的功課，我們或許還會碰到很多次，然而聚散離合都是人生必經的過程。當我們發掘「分手」背後潛藏的問題，並且去穿越它，完成自己的功課，讓自己因為每一次分手，都能成為一個更好的人，那麼我們在未來就可能真正擁有一段長久美滿的感情。

· 自我練習 11 ·
分手完結儀式

· 冥想 5 ·
原諒寬恕

Chapter 12

療癒課題

破碎然後重生

如果我們曾全身心地投入一段感情，無論遭遇分手、離婚、外遇、喪偶還是其他情況，當這段感情結束的時候，我們都會感到痛徹心扉。我離過兩次婚，即便當時已經到了感情破裂，或者有第三者介入的地步，在簽下離婚協議的那一刻，內心還是會感到椎心刺骨般的痛。因此，不管是因何種原因導致親密關係破裂，在之後的那段時間裡，你都需要為自己療傷止痛。

那麼，如何在親密關係破裂後，進行創傷療癒呢？

本章節我所提及的親密關係「創傷修復」的方法，大家既可以運用在親密關係的範疇，也可以運用到生活中所有的「失去」當中。比如失去親人、好友，哪怕只是丟掉了工作、財物等，都可以通用。創傷後的復原過程，大致可以分為以下五個階段：

第一階段：否認期

面對創傷事件的發生，我們最初都會極力否認，努力想把自己的生活，甚至每天早上醒來後要面對的世界，恢復成原來的模樣，即退行至創傷事件發生之前的狀態。

我們一再否認創傷事情的發生，可是每天睜開眼時都會備感痛苦，因為事實就擺在眼前，曾經的伴侶已然成為我們生命中的過客，每每想到這件事都會讓我們心痛不已。

此時此刻，我們只能鼓起勇氣去面對這個連上帝也無法改變的事實，告訴自己：這個世界上不存在時光機，這件事已經塵埃落定，我們必須坦然接受。

每天堅持做一個簡短的自我催眠，可以幫助我們更快速、更順利地走出傷痛的陰影。

第二階段：憤怒期

在接受創傷、走出創傷的第二階段，我們的內心會升起強烈的憤怒。

遭受創傷事件，無一例外都是令人不悅的，沒有人可以波瀾不驚地去面對。即使有些事件，對別人而言也許是好事一樁，對我們來說卻糟糕至極。比如，前男友在結婚前夕，滿心歡喜地給你發來喜帖，期望獲得你的祝福。即使你們已經分手多年，但你還無法將他徹底忘懷，他突然而至的婚訊就會給你的心蒙上一層陰影。通常你會選擇否認事實，一旦想起內心就隱隱作痛，繼而升騰起憤怒的火焰。請注意，憤怒會把你帶至痛苦的深淵，繼而表現出悲傷、痛苦，以及不願失去、不願改變，更不願接受現狀而引發的種種情緒。

根據我多年的觀察，在日常生活中，對每個人而言真正重要的並非我們的人生遭遇，而是隨之引發的情緒。每個人的情緒基調都不相同，面對事情時的反應也會因人而異，我們無法控制外在的人事物，但是我們可以調整內在的反應模式。如果我們的內在出現問題，就會造成我們的痛苦，而且很容易緊抓著這份痛苦不放，這將會給我們帶來猶如煉獄般的體驗。

我們每個人的內在，都存在不只一種固有的、由來已久的、需要被看見和療癒的情緒模式，尤其負面的情緒模式需要得到糾正。當負面情緒被一個事件或一個人觸發，我們便可以名正言順地把原本就存在的情緒投射在外面的人、事、物上。也就是說，我們需要在外面的世界中找到相應的情境，來體會自己原本就一觸而發的情緒。

比如，很多人從小就有種「不被愛」的感受，這種感受會讓他在看待愛人的行為時，總是從「你不愛我」的視角出發。也許只是對方不習慣在朋友面前展露親暱的關係，或者他慣有的反應模式就是含蓄內斂的，當身處朋友之中，他會表現得比你們私下在一起時更為冷漠和疏遠。你會質疑他有沒有認真對待你們之間的感情，質問他為何不願意公開承認你們之間的關係，甚至懷疑對方是否真心愛你。當你從「不被愛」的視角去責怪他、抱怨他、攻擊他時，對方會覺得非常冤枉，你們不僅會因此大吵一架，感情也會迅速降溫。這恐怕是雙方都不想要看到的結果。

其實，你本可以語氣平淡地問他：我發現你在朋友面前好像不是特別願意表露對我的感情，為什麼會這樣呢？你可以坦誠地說出自己的困惑，告訴他這樣的行為令你感受到了疏遠和冷漠，勾起了你內在不被愛的恐懼。如此一來，對方就會瞭解你的切身感受。他可能會和你說：很抱歉，因為我以前在朋友面前，從來不和我的伴侶有任何親密之舉，我不知道這對你來說如此重要，既然你在意這一點，我可以為你做出一些改變。這就是採用不同的溝通模式帶來不同結果的生動案例。

很多時候，我們常常將人生的情緒慣性和行為模式套用在別人的行為上，然後名正言順地爆發出一場情感大戲，結果往往會適得其反，只會引發爭執、冷戰，雙方的感情也會愈來愈不好。

對於情緒比較敏感的人而言，最為重要的是切勿把自己的感受當成現實。人的感受受到多種制約，是自己情緒反應和思維模式的投射，所以在脾氣發作前，一定要給伴侶申訴、解釋的機會，更要學會從不同的角度去看待事物。切勿讓你的情緒掛帥，錯誤地主導你的人生。

每個人都要為自己的情緒負責。當我們走到憤怒階段，面對各種情緒時又該怎麼做呢？**你要學會和這個情緒相處，或者讓它能夠穿透你**。

以「憤怒」的情緒為例，你可以有覺知地深呼吸來迎接它，用自己獨特的方式來釋放它。有些人會選擇去郊外放聲高呼；有些人選擇在家裡摔枕頭、痛哭一場；有些人會去跑步，在汗水和淚水中將憤怒釋放掉；還有些人會用轉念的方式，讓憤怒的能量在當下就被化解。你也可以允許自己生氣，允許自己待在憤怒的情緒裡，不需要試圖把自己從深陷的憤怒或悲傷的情緒裡面拉出來。只需要允許它出現，允許它存在便好。最重要的是，你要和它拉開距離，不能和它糾纏在一起，更不要被它牽著鼻子走。

你要相信自己擁有情緒抽離的能力，這個能力我們每個人都應該具備。比如，你正和老公發生激烈的爭吵，恰好接到自己很尊重的好友的電話，當即你說話的語氣絕對和此刻與老公吵架的語氣完全不同。這就表示，你和老公完全可以在當下，轉換一個頻道和對方連結。然而，當電話結束，再次回到吵架的現場，你可能又轉換回要和別人鬥爭到底的狀態。你要證明自己是對的、對方是錯的；你要把自己的委屈、憤怒、不滿都發洩到對方身上。於是，你和老公的戰爭仍會持續，彼此咆哮著訴說著自己的不滿。可是，為什麼我們不能好好說話呢？因為我們內心依然存在著未被釋放、未被理解、未被接納的負面情緒，當它們撲面而來時，我們身邊最熟悉也最親近的人，就會成為可憐的「代罪羔羊」，為我們的負面情緒買單。

如果你能夠學會承擔自己情緒的責任，試著去穿越它、處理它，就可以幫助你累積處理情緒的經驗值。就像我們玩遊戲一樣，當經驗值累積到一定程度，內在力量蓄積到滿格，忽然有一天，當你發現自己不需要再用這種憤怒的情緒去應對外在的人事物了，你們的關係就會變好，正能量滿滿。那些因為隨意發洩憤怒情緒而產生的自責和愧疚，也會遠離你。

學會為自己的情緒負責，是一個漫長的過程。我自己親身體驗過這段路途，並沒有那麼艱難，但始終需要勇氣和堅持。年輕時，我脾氣暴躁，似乎生命中總有很多事情可以讓我憤怒。當我開始成長修行後，慢慢地就將這些形諸於外的憤怒，化成了內在的不滿和輕微的怨懟。通常我在消化這些情緒之後，就能理性地去處理那些引發我內在不滿的人事物了。

在這個過程中，有很大的一個轉折點是，每當我覺察到自己的憤怒時，我會把注意力從那個人或那件事移開，放回到自己身上。我總是能在自己的身體層面感受到那種不舒服，通常是在我的腹部和胸口，有種憋悶、緊繃、酸楚、甚至疼痛的感覺。如果我能夠集中注意力，和這些感受待在一起，帶著覺知去理解它們、撫慰它們，這類感受通常就會自行消失，或是降低到我可以掌控的地步，而我也無須再從外面找一個發洩的對象。如今，我發現能引起我憤怒的事情愈來愈少。這樣的功力，你也可以倚靠自己的努力逐漸修煉而成，當你成功闖過這一關，它就不再會成為你的困擾，而你會蛻變成為內在無比強大的人。

在你的生命當中，也不會一而再、再而三的發生令你感到憤怒、悲傷、怨懟、低價值感或者不被愛的事件。就算偶爾出現，你也可以在先知先覺或當知當覺的體察之下，輕鬆應對你的負面情緒。負面情緒本身不會再對你造成任何傷害和影響，而你在處理事情時，也會變得比較平和圓滑。

第三階段：討價還價期

大多數時候，「討價還價」的過程是這樣的：你會對自己說，好啦，我已經接受這個事實，我也去承擔自己憤怒或悲傷的情緒，可是我還是對他懷有執念。當我們一直停留在追溯過去、懊悔當初的念頭裡，此時就是讓我們練習臣服、放下執著的階段。

或許，你的思緒偶爾還是會轉移到這件事上。雖然不像從前那般頻繁，感受也不似從前劇烈，但仍舊難以忘懷、難以放下。

此時，我們要學習正念，回到當下。提醒自己，一旦想起這件事，就立刻專注於深呼吸，或者慢慢去覺察此時此刻自己的身體狀態。或者去看看窗外的藍天白雲，想一想大海，廣闊而深邃的大海有什麼無法包容的呢？再想想星空宇宙，星河之大，如此深不可測，而我們是如此渺小，這件事已經發生，就讓它隨風飄逝吧。

你可以試著用這樣的方式讓自己放下對某件事或某個人的執念，執念的特點就是會有紛繁的念頭一直來打擾你，讓你過得不順心、不順意，而我們一定要學會如何放下它們。

第四階段：悲傷期

你可能會因為失去一段關係、失去一個人，或發生一件重大事件，讓你陷入長久的悲傷和沮喪。無盡的悲傷和沮喪，有時是一種不良的習慣，有時是一種孤獨，還有時是需要你跳出自己的舒適區，去接受新的事物、新的情境，接受一些不方便、不便利的狀況存在。

很多時候，上一段關係裡留下的慣性，會讓我們懷念且依賴。比如，每天早上你都能看到這個人，或者家裡總有一個人等著你，可以隨時回應你，哪怕只是一些雞毛蒜皮的瑣事。當這樣無時無刻都陪伴著你的人突然離去，的確會令人一時難以接受。

此時，我們依然先要面對自己的負面情緒並將其轉化。與此同時，最為重要的是：即使我們遭遇重大創傷、失去摯愛之人，又或者丟掉熱愛的工作，不管內心是悲傷還是憤怒，當我們難以消解或承受時，我們就要用適當的方式將其發洩，或者找人一吐為快。你可以找專業的心理諮詢師做療癒，也可以找催眠師把你帶回到當時的現場，讓你得以勇敢地去看清這件事的本質。既然事情已經塵埃落定、沒有回旋的餘地，愛已成往事，我們就該放下、認命，繼而臣服和接受它。

第五階段：接受期

也許是上天的垂憐，也許是我們的努力，也許是時間的魔力，當走入這個階段，我們就開始能夠融入到新的日常生活狀態裡，接受「我已經失去他」的事實。尤其是接受它對自己心態的衝擊，接受自己內心的恐懼、孤單，以及時不時湧上心頭的悲傷和不甘。

總之，我們已經接受了這件事情的發生，放下了所有的幻想、所有的討價還價，願意去過好每一天的日子，積極向前。

以上提及的五個階段，是一個完整的創傷後癒合的過程。從否認到負面情緒被激發，再到討價還價階段衍生的執念，直到因為失去而帶來沮喪和悲傷。當我們在每一個階段，都能帶著勇氣和耐心去面對和處理，最後終究會來到接受這個階段。

我建議大家給自己一點時間，因為傷痛都需要時間去療癒。如果你沒有做好前四個階段的療癒，時間幫不了你，你會一直卡在那裡，無法抵達第五個階段。

閱讀這本書的人，我相信都是有覺知並且願意在個人成長的道路上前行的人。大家真的要學會，把過去的那些東西都放下，勇敢地面對自己美好的未來，把當下的每一天都過好。

除了瞭解我們要經過的創傷修復歷程外，在親密關係遭遇破裂的時候，處於其中的我們，還可以具體為自己做些什麼事情呢？

首先，去感受自己的憤怒和悲傷

我們必須要學會和灼燒的痛苦同在，承認這是自己的人生劇本、是自己要修習的功課。我要為自己的感受負責，如果情緒能夠處理好，傷痛就已經癒合了大半。處理負面情緒時，你不需要逃避、不需要對抗，更不需要祈禱它自行消失，而是要允許它存在、允許它和你待在一起、允許它燃燒你、穿越你，並用我之前分享的「感受身體」的方式去與它建立連結並和解。

❈ 其次，建議你先不要到處去訴苦

有的苦，是愈訴愈苦，愈訴愈傷心，我們都不希望成為魯迅的短篇小說〈祝福〉裡喪夫喪子的祥林嫂那樣的人。不過，我並非建議你一個人悶聲不吭地承受。你可以尋求專業的幫助，或者找一些明智的朋友、長輩給你情感的寬慰和方法的建議。

每個人都要面對關係的結束，具體情況不盡相同。若能借鑒別人的經驗，可能會讓你有能力以不同的方式去面對和處理相似的情境。因此，你可以試著尋找和你有類似狀況和經驗的人，看看他們是如何一步步走出陰霾的，並且不要羞於啟齒。當然，我們需要找積極正向、處理得當的人，借鑒對方的成功經驗，學習他如何接受傷痛、並把事情處理妥當。切勿找仍深陷痛苦的人去訴苦，兩個人只會抱頭痛哭、互相投餵毒藥，這對於你從痛苦中脫胎換骨、浴火重生毫無幫助。

有時，我們可能會覺得和他人訴苦很丟臉。其實，和你處在同樣困境的人有很多，如果你認為自己的痛苦是天下獨一無二的，你將永遠無法治癒它。相反，我們要做一個謙卑的人，不要傲慢地抓著自己的痛苦以為它有多麼的獨特。

然而，找朋友傾訴的時候，我建議你千萬不要找以下這三種人。

第一種：不理解你痛苦的人。這類人不能夠同理和瞭解你，你現在的狀態或許就像在鐵板上被煎的牛排一樣，承受著全身被火吞噬般的劇痛。他們不但無法感同身受，還可能給你提一些「站著說話不腰疼」的建議，這樣的人並不適合成為你的傾訴對象。

第二種：輕易就下定論，給你一些簡單粗暴的方法和建議的人。

第三種：只會一味地和你一起責怪對方，讓你更加認定自己就是受害者的人。這種人並不能給予你想要的撫慰和智慧的忠告。

我的建議是，找專業的心理諮詢師更為可靠，他們不但能同理你的感受，也能給出中肯的建議，還可以提供幫助你成長的智慧。經過幾次心理疏導，也許就可以幫你療癒好內在的傷痛。

❈ 最後，要學會和自己的頭腦相處

我們都有一個像猴子一樣活躍的大腦，它會喋喋不休地和你訴說某件事情，或者讓你想起以前某個人的種種特點，讓你的腦海裡像播放電影一樣，浮現出過去你們在一起的畫面。這時，你需要讓自己回到當下，不要被頭腦帶偏了，以至於讓自己陷到回憶中無法自拔。

你可以讓自己做一些轉移大腦劇場播映內容的工作或活動，去鍛鍊、做手工、找朋友聊天，或是看書、畫畫、聽音樂等專注自己的興趣愛好等。總之，把時間花在能取悅自己的事情上。因為「大腦劇場」的特點是，只要你的關注點還在上面，它就會不斷地播放電影，讓你一直沉浸其中，痛苦萬分。

因此，我們要讓自己的心態保持平和、不至於崩潰；要勤於學習，讓自己在極度的悲哀和痛苦之下，還能夠正常地去學習新的技能；強迫自己參加一些有趣的社交活動；甚至只是每天早上醒來，給自己一個大大的微笑和擁抱。

你會發現做與不做差異明顯，尤其在遭受打擊、創傷、備感痛苦時，如果你還能把肢體調動起來，去跳舞、去跑步、做健身操，對你將大有幫助。既然事情已經發生，我們就要學會好好地去面對它。

當然，如果情感投入比較多、對伴侶依賴比較重，特別是有「戀愛腦」的人，在分手以後會萬分痛苦。有時候，馬上找到下一個人，開啟一段新的感情，也不失為一種選擇。雖然下一個對象也許正是治癒的良藥，但也不能為此就貿然投入一段新的親密關係，讓自己沒有學到本應學到的功課。

我人生中獲得最大的成長，就發生在剛結束一段刻骨銘心的愛情、還未找到下一個理想伴侶之前。恢復單身後，我無須再把時間、精力花在別人身上，便有了機會去好好地反思和沉澱，在那些令我萬分痛苦的時刻，我學會了老天爺想要教給我的功課。

親密關係要教會我們的功課有很多。有時會讓我們學會獨立自主，有時會讓我們懂得情感獨立、學會獨處、學會享受孤獨寂寞；還有時會促使我們擴展自己的社交圈，學著去創業。很多成功的女性企業家，都是在經歷情感挫敗、婚姻失敗後，開始自己創業從而獲得成功的。

克里斯多福．孟老師曾說過，親密關係是通往靈魂的橋樑，它對每個人而言都意義非凡。同樣，每個人也需要在情感上給自己一些「留白」。尤其當一段親密關係剛剛終結，還沒有找到下一個伴侶時，我建議把握這個「留白」的機會，回觀真正的自己，沉澱和反省還有哪些可以讓你變得更好的功課要做。

我此生在親密關係挫敗以後，收穫到的最大禮物，就是精神上真正的獨立和自主，情緒也變得自由，不再一驚一乍地受到外在人事物的控制。

單身的恐懼

現在流行單身的想法，所謂的大齡單身女性，可能要面對自己一個人終老的潛在恐懼。對於這個問題，我一直保持比較樂觀的心態。事實上，只要找對了方法，一個人真的可以過得很好，當然這取決於你如何做到技術性地去安排自己的生活。

有人說，比起結婚，她們更願意單身。不過，這也讓她們承受了太多外界的壓力，比如父母催婚、被很多已經婚育的朋友在背後嚼舌根；聽多了孤獨終老的案例後，害怕自己也成為那個「孤獨死去」的老人；對不從眾、不去服從社會主流這件事，也會產生深深的懷疑和恐懼……如果你真的想保持單身，其實無須太過恐懼。因為無論你經歷多少段親密關係、養育多少個孩子，最終都要回歸到自己孤身一人的狀態。

試想一下，如果你真的要離開這個世界，這一生即將終結，躺在床上的你，不能動彈也不能說話，無論你身邊圍繞著多少人，你都要獨自面對「離開」這件事。此時，能夠幫助你好好度過這一刻的，是你此生的記憶、你的內在力量、你的信念，以及這一輩子的經驗等等。你能否從容優雅地和這個世界告別，取決於你之前所做的選擇，以及有沒有好好為自己的選擇負責，並且讓你的靈魂有所成長。

・自我練習12・
EFT情緒釋放法

・冥想6・
海底輪療癒冥想

Chapter 13

性愛課題

用性與親密創造幸福

性，在婚姻中是一個很重要的元素。性作為生命的原動力，在這個世界上，沒有哪一種力量能比性能量更能推進人類文明的進步。

網路上曾經有過一組數據：因為性生活不和諧導致離婚的夫妻，在當年離婚的人群中占比達百分之二十到三十，我猜想實際的比例應該更高。夫妻間的很多問題表面上只是兩人性格不合、存在家庭糾紛，但實際上，性生活是否和諧美滿非常影響親密關係的品質和進展。

在婚前，性觀念是否一致，要列入你和伴侶溝通協調的重要事項中，它是決定婚姻品質的重要因素之一。好的夫妻生活，需要注重雙方在性體驗中的愉悅感和舒適度。在這個部分，我們首先需要瞭解男女在「性」方面的差異。

「性」對男性而言，是很重要的身心推動力，男性需要用性來體現自己的價值感、存在感和被看見的感受。他們需要贏、需要征服，要證明自己有足夠的能力去照顧、保護、滿足他的女人。好的性體驗，對他們來說是莫大的認可。

對女性而言，她們更注重情感和心靈的交流，她們需要男性和自己溝通、理解自己的感受、保護自己的情感，用儀式感和浪漫讓她們感受到自己被全然的關愛和接納。「性」則是在這之後的一種愛的表達和情感的承載。

可是，很多人並不知道，性對於女性而言，更深層的需求是生育寶寶。女性在潛意識深處想要成為母親，在這個驅動力之下，她就會對性有所需求。因此，很多女性在懷孕生育之後，很長一段時間裡並沒有性需求。因為生育寶寶這個最重要的需求已經達成，而男性對此則有所誤解，誤認為是自己的「男性雄風」黯淡了。這也導致很多夫妻在這個時期衝突頻發。

如果夫妻雙方都想要美滿、舒適的性生活體驗，需要做到哪些事呢？

雙方對性的需求度相互匹配

在建立親密關係之前，你要和對方討論雙方對性的看法和需求度。婚前對性不感興趣的人，在婚後，尤其是生育之後，會愈來愈沒興趣，男女雙方都是如此。婚前你們需要確認彼此在需求度上沒有太大的分歧，否則婚後一定會因此產生衝突矛盾。

有一個很扎心的事實，有的男人在女性成為母親之後，就會對她失去「性趣」，因為她的地位轉變了，從女孩變成了「母親」，會讓很多男人勾起和自己母親之間的愛恨情仇，因此對女方望而卻步。與此同時，我建議最好不要讓男人進產房看到血淋淋的生產過程，這一定會影響將來他與你的夫妻生活。

通常，男人對性的需求度會強於女性，如果一方的需求比較強，甚至有點索求無度，而另一方沒有興趣、經常拒絕，就會讓很多男人覺得妻子在傷害自己的自尊，還會因此認為對方不愛自己、不尊重自己，繼而產生怨懟，甚至通過出軌來滿足自己的欲望，並且報復妻子。

為什麼有部分女人會拒絕男人在「性」上的需求呢？很可能是因為男人和自己的情感連結不夠。比如，我受了委屈，你卻和我講道理；我需要有人陪伴，你卻和朋友們在玩；我需要你理解我，你卻在打遊戲；我需要你和我一起做家務，你卻在呼呼大睡。

在情感連結不夠緊密的基礎上，當一個男人帶著油膩的頭、很臭的腳和沒刷的牙說：我要你和我做愛。在這種時刻，任何一個女性，都不可能會有興致，基本上會選擇拒絕，或者敷衍了事。這時，如果男性不能理解女性的做法，繼續進行強烈的要求，就會陷入關係的惡性循環，一個愈來愈沒興趣，一個需求愈來愈猛烈，彼此就會發生齟齬，爆發衝突。

當性生活出現問題，要懂得如何溝通解決

如果你和伴侶存在以上的問題，就需要對此好好溝通，尊重對方的想法和需求。不過，如何溝通、由誰來提起，也需要有一定的策略。

首先，如何溝通

我在本書的前面有提到——不帶情緒和不責怪的溝通，才是好的溝通。你千萬不要告訴對方，因為你不洗頭、不洗澡、渾身太臭，所以並不吸引我。這是非常傷人的話語，尤其對男性而言，這會令他們覺得自己很無能，無法保護和滿足自己的伴侶，會嚴重損耗他們的自我價值感，造成關係中產生更多的問題。

倘若你換種語氣，對他說「親愛的，我希望等下可以在床上撫摸到你柔順的頭髮，還能聞到你香香的」，他大概會立刻跑去洗澡洗頭。同樣，作為一個男性，如果你經常幫老婆做家務、陪她逛街、支援她的情感需求，會在結婚紀念日當天給她驚喜和禮物，經常與她暢聊愉快的話題，同時很注重自己的個人衛生，那麼你的伴侶一定會給你一個積極的回應。

其次，對於性生活出現的問題，應該由誰提起呢？

通常，在親密關係中是由男性提出並主導性生活的，有些女性甚至覺得作為妻子，滿足丈夫的性需求是一種義務，並沒有注重自己在其中的愉悅感和舒適度，更不會主動和丈夫溝通這件事，這並不是一種明智之舉。在性生活裡，雙方的滿意度和舒適度同樣重要，女性完全可以、並且很有必要和伴侶溝通這件事情。其實，你的男人也很想知道你的喜好和需求，如果對方問你，你還是難以啟齒，就會錯過一個很好的溝通機會。

當然，有部分男性會更注重自己的快感，從而忽略女性的真實感受，所以在很多由男性主導的性生活中，女性並不能得到最好的體驗，甚至要佯裝附和。然而，想要擁有好的親密關係，你要告訴他自己真正的需要和想法，否則在性生活上，你只能應付對方，彼此都得不到很好的體驗。

在性的話題上，女性不必羞於啟齒，因為男女雙方本身對性的需求就存在差異。當伴侶之間的情感連結不到位，女性的性體驗處於長期不在的狀態時，雙方就很有必要去進行溝通。

從原生家庭對性的態度裡解脫出來

原生家庭中所傳遞出對性的態度，同樣會影響你在親密關係中對性的態度和體驗感，我們要從這個束縛中解脫出來。

我看過一個案例：女孩是一個很成功的記者，非常優秀，小時候在農村生活，媽媽是非常傳統的人，認為性很羞於啟齒，甚至是一件下流的事。在生下她之後，這位媽媽就拒絕和她爸爸有性生活。從小到大，母親都在教育她，女性的貞操比生命更重要，不讓她接觸任何性教育。母親對性的極度抗拒，也成為了她父親後來出軌的主要原因之一。在父親離開後，母親每天都用很惡毒的話咒罵父親，罵他是流氓，腦海中天天都是骯髒的事情，並且警告女兒務必要做個「乾乾淨淨」的人，否則就死給她看。

在這樣的原生家庭裡長大，女孩對性也處於極度恐懼的狀態，看到電視上的演員發生親密的舉動，都會充滿罪惡感，害怕自己變成一個「不乾淨」的女性，甚至上學的時候都沒有和男生說過幾句話。

過了幾年，因為年紀的原因，她的母親一直催婚，通過相親的方式，她結婚了。但婚後，她發現自己無論如何都無法和丈夫完成性生活，去醫院檢查都說一切正常，但心理上存在障礙。後來，連心理諮詢師也無法消除她對於性的恐懼，因為她從小就對母親的話處於非常認同的狀態。而且在潛意識裡，她認為性是導致父親拋棄自己和母親的根本原因。結婚四年多的時間，她和丈夫都是無性婚姻，後來丈夫被派到國外工作，和另一個女人相愛了。這場婚姻最終以離婚散場，哪怕她做了很多挽留，對方始終堅持結束這段關係。

因此，她和母親怨懟父親一樣，對丈夫也有很深的怨念和評判。後來她和幾個男人都試著相處過，但都因為同樣的原因無法走下去。由於這個女孩的成長能力有限，她自己始終沒有，也不想從原生家庭的束縛中脫離出來。她認為「脫離」就是不孝，是一種背叛，但又無法面對自己總被男人拋棄的局面，最後患上了嚴重的抑鬱症。

原生家庭的父母對性的態度，是會傳遞給孩子的。即使他們並沒有很明白地告訴你，也不一定會和你談論這件事，但從他們日常的互動中，你總會接收到一些信號。

通過上面的案例，我們可以看見，性是促進婚姻和諧最重要的潤滑劑。但在性這件事情上，由於東方人含蓄的特點，人們還存有一些常見的誤區。

在很多人心裡，性是一個不能看、不能說、不能聽，但可以做的、稍顯隱晦的存在。因此，性教育一直存在爭議，導致很多人對性產生誤解，而糾正這些誤解，可以幫助你提升自己的性品質。

·自我練習13·
清理負面信念

·冥想7·
走出傷痛，
涅槃重生

Chapter 14

親家課題　維護家庭邊界

邊界感是每個人都需要擁有的重要心理防線，一個完整而健康的人，一定會有正確的邊界感。

在職場中，邊界感不強的人常常無法拒絕別人，無法對同事的幫忙請求說「No」，讓自己做了很多並不願意做的事情，最後身心疲憊，成為沒有人稱讚的「爛好人」；還有的人不懂得尊重他人的感受，總是越界去參與別人的事情，比如看到對方結婚訂制了昂貴的婚紗，會去批評對方浪費錢，這也屬邊界感不強的類型。

如果沒有建立邊界感，你的人際關係一定會出現問題，繼而導致生活中出現很多不愉快的事情。在婚姻中，邊界感的建立是決定你們的小家庭是否能長久並愉快存在的關鍵因素，而其中最重要的，就是婆媳關係。

關於婆媳「大戰」的案例，網上有很多，這些案例都會呈現出一個共同點——**婆婆缺乏必要的邊界感，過度干預小家庭的生活**。

這類婆婆會用自己的標準去要求小家庭的夫妻如何生活，輕則頻繁干涉生活起居、柴米油鹽，重則對兒媳婦的價值觀、人生觀進行不同角度的打壓抨擊。

曾經，我聽同事說過一個故事，之前她租房時的房東是一對新婚小夫妻，他們家婆婆極其強勢，沒有邊界感，一大早就會跑到他們家，指著廚房的牆喊：怎麼都不擦？那位婆婆很喜歡指導自己的兒媳婦，每天最重要的任務就是事無巨細地交代小倆口怎麼過口子，一旦不符合她的標準和想法，就要擺出長輩的姿態開始指責。

後來，這對夫妻不堪其擾，雙雙決定去外地工作，把房子租給了我的同事。而我的同事住進去之後，這個婆婆並沒有收斂，經常跑到同事家裡檢查衛生狀況，要求我的同事定期刷馬桶，還會檢查家裡的整潔程度是否達到了自己的標準，並且要求我的同事把東西放在固定的位置，還讓兒子時不時打電話給我的同事，詢問馬桶是否刷乾淨了，要求拍好照片發過去。我同事提醒他們，這麼做會打擾到別人的生活，甚至構成騷擾。房東丈夫非常無奈地說：如果不這樣做，我母親會對我們破口大罵，或者是跑到家裡去鬧，我也沒辦法。

後來，我的同事實在受不了，報警了。可是，這位老太太理直氣壯地對警察說：「這是我的房子，我說了算，想住在我的房子裡，就要遵守我的規矩。」警察明確告知這位老太太，房子出租後，使用權歸屬於租客，但老太太完全無視。最後，我的同事只能逃出那間房子，另尋住處，而老太太則繼續想辦法操控兒子和兒媳的生活。

因此，當我們要建立一段以結婚為目的的戀愛關係，一定要事先觀察對方的原生家庭。如果對方的原生家庭父母素質不高，喜歡控制和過多干涉別人的事情，尤其喜歡控制自己孩子的生活，這就屬於沒有邊界感的人。如果你的對象又是軟弱無能，無法拒絕母親的強勢要求和情緒勒索的，那最好不要和他結婚。因為婚後，這會成為你們婚姻的重大課題。

如果婆婆對自己的兒子非常依賴、喜歡控制，你在她的心裡還會變成搶走兒子的「壞女人」。在婚後，她會想盡辦法對你宣示主權，盡可能剝奪你作為女主人的身分和權利。當你們有了孩子，她很可能會占據你養育孩子的權利，一切要以她為中心。甚至，我見過有些婆婆不允許孫輩想媽媽、和媽媽走得近，反而要讓孩子和自己最親。

還有另一種情況，當公公在家庭中存在感不高，和婆婆沒有情感連結或者關係不太好，或是喪偶、離婚的婆婆，她們會將對丈夫的需求投射在兒子身上，要兒子替丈夫來滿足她情感上的支援和依賴。希望兒子長大後必須要養媽媽、陪伴媽媽、不能離開媽媽。這類母親，我們要敬而遠之。因此，結婚前一定要看清楚你選擇的伴侶，他和原生家庭是什麼樣的關係。

當然，我們也要看清男人本身的特點，如果他有媽寶男的特質、對原生家庭過於忠誠，或者本身就是愚孝的人，婚後你的小家庭邊界感必定蕩然無存，趁早抽身是最好的選擇。不過，如果你的丈夫有能力站出來維護小家庭，並且向父母宣告自主權，拒絕任何人的干涉，捍衛這個小家庭的邊界，這個人還會是不錯的選擇。

想要避免陷入不良的、破壞邊界感的婆媳關係，最好的方法是在婚前擦亮眼睛，謹慎選擇。假如你很衝動地結婚了，婚後才發現這種情況，只能盡量建立起自己的邊界感，讓自己不至於受傷太深。

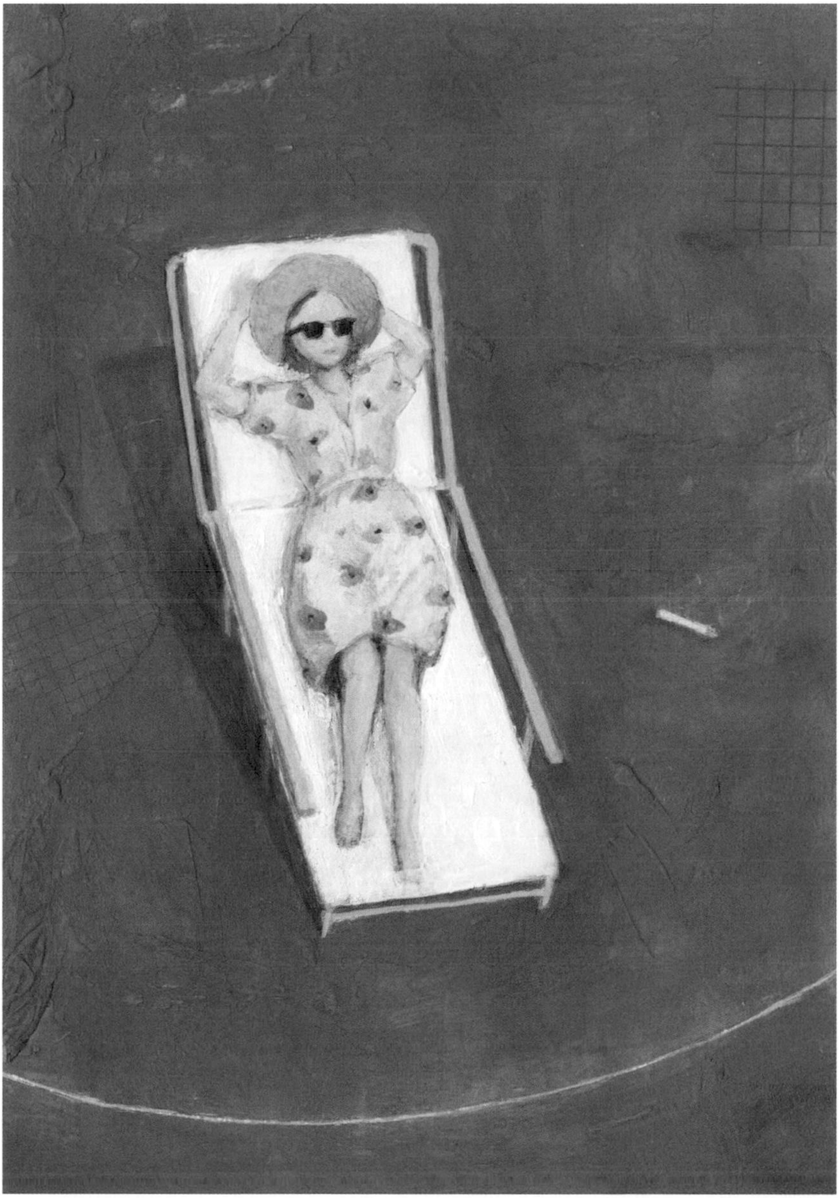

如何建立自己的邊界

第一點：你要學會拒絕

無論對方是誰，侵犯了你的隱私或者生活，都要堅決拒絕。如果婆婆過度干涉你的生活，比如，要求你逢年過節不准回娘家，要回婆家盡義務，你可以直接告訴她：我的媽媽和您是一樣的，您的兒子可以回家陪您，我也要先回家陪我的媽媽。我明天可以來看您，等我回來，會給您帶禮物。

但對很多人來說，拒絕是一件不容易的事情。這是因為你不想和拒絕了別人之後，內在產生的不舒服感待在一起。因此，要學會在拒絕別人之前，深吸一口氣，緩緩地說出自己的想法，接受內在產生恐懼愧疚的不舒服感。多練習幾次，你就輕車熟路了。

第二點：不要討好

不要妄想你的屈從會讓他們減少對你的干涉，無下限的退讓和妥協只會讓對方覺得你可以隨意被掌控。侵犯到自己原則的事情，千萬不能答應，答應了一次，就會成為常態。人性的特點是，當你愈想要討好對方，對方愈會得寸進尺，並且視為理所當然。我們一定要堅持處在自己的中心，不能隨意動搖。做到這點的訣竅是，你可以多問問自己：不去討好對方，他就不喜歡你了嗎？就算他不喜歡你，又能怎麼樣呢？最壞的情形會是什麼呢？

會變得很糟糕嗎？要記得，不要習慣性去討好別人。根據我的觀察，不去刻意討好別人的人，反而能獲得更多的喜愛和尊重，自己會過得比較舒服，關係也會處理得更好。

第三點：讓你的丈夫支持你

你可以直白地和他表達你的感受和需要他支援的部分，如果他覺得協助你是對母親的不孝，從而拒絕干涉，或者直接躲開逃避，你依舊要持續地和他溝通，盡量讓他意識到你的初心是希望他站在丈夫的序位上守護小家庭的邊界，是為了讓這個家更好，而不是讓他忤逆母親。如果你們連自己獨立的生活都失去了，婚姻的狀態必定是不健康的，也絕對不會是彼此想要的。

如果持續溫柔堅定地溝通，你的丈夫還是無法支持你，他就是媽寶男或者愚孝。如果婆婆還是沒完沒了地侵犯你的邊界，你可以直接採取正確的方式表達憤怒，也可以暫時為自己爭取一些空間，讓你不至於在婚姻裡變得失控抓狂。面對家庭中其他侵犯邊界的親戚，你也可以用上面的三個辦法來面對和處理。

其實，維護家庭邊界感的根本因素，還是需要回歸到個人的成長層面。一個自我邊界感非常清晰的人，並不容易陷入沒有邊界感的關係當中，處理別人的無邊界感時，也會更加得心應手。

我有一個女性朋友，就是邊界感很清晰、非常勇敢做自己的人。她敢和婆婆吵架，但因為她本身心地善良又很純真，即使她會發飆罵婆婆，但是婆婆還是很喜歡她，對她非常好。她的婆婆還有另外一個兒媳，也就是她的弟妹，這個弟妹經常對家人擺出討好的姿態，也不敢和婆婆吵架，但這個婆婆提起她的時候，都是橫眉怒目的狀態，並不喜歡她。

因此，勇敢地忠於自己，不要過於討好，堅守自己的邊界感，反而是婆媳相處之道的精髓。不過，在婆媳相處中，還要遵守人倫的禮節和序位，不能全然不顧老人家的感受。我有一個朋友被未來的婆婆催生，她美其名在維護自己的邊界，但是言辭過於激烈，傷害了老人家的心，這樣的行為會留下不好的因，將來就會收穫不孝的果。一個想要成長的智慧女人，一定可以八面玲瓏、合宜得體地處理好關係，並且在關係裡既不會委屈自己，也不會傷害別人，這是最基本的原則。

就像我經常說的：外面沒有別人，只有你自己。你的生活是由自己的心境創造出來的，如果你堅持成長，建立好邊界感，擁有自己的內在力量，你的生活就會愈來愈順暢。

愈沒有邊界感、無法拒絕別人的人，愈容易招來別人的侵犯、干涉。因此，想要改變自己的人生，我們要從自身的能量場開始著手，有了內在力量和邊界感之後，別人自然不會來冒犯你。

·自我練習14·
邊界感的建立

Part 3

修煉，
親密關係心法

Chapter 15

心法一「等價交換」

關係的本質

親密關係對人生的重要性不言而喻，可是有太多人不諳經營之道。起初，人們都會帶著美好的嚮往走進親密關係，滿心滿眼期待的都是熱烈的甜蜜，可接踵而至的卻是困惑、矛盾、掙扎和迷茫，這就是親密關係的常態。在親密關係這個重要的修行道場歷練至今，已過甲子之年的我深有體悟，總結出經營親密關係的四大心法，期望可以對你有所助益。

親密關係的第一個心法：本質上，關係是一種利益的等價交換。

毋庸置疑，這個心法最為務實，卻也是親密關係的核心。因為所有的關係都建立於需求之上，本質上而言都是一種利益的等價交換。你也可以理解為，愛就是需求被滿足。

或許，有人認為這樣的看法太過現實、勢利。難道關係的雙方一定要門當戶對，而有錢人只能從有錢人中尋找伴侶嗎？當然不是。利益的等價交換，並不單指財富、外在的條件（如相貌）、相關利益等。在所有的需求之中，情感等無形的需求才是最難捉摸和滿足的。

在電影《失戀33天》裡，有一個橋段耐人尋味。見多識廣的專業婚禮策劃師，對商業精英男士的婚姻選擇深感困惑，因為他的結婚對象除了姣好的外貌外毫無可取之處，還十分愛慕虛榮。

這位精英男士坦言，她的要求無外乎物質，不但容易預測，而且能夠輕易滿足。他完全知曉她的需求，不用費腦筋去猜，很容易就能搞定。可是，像專業婚禮策劃師這樣的知識文藝女青年，他常常不能滿足她的要求，更不知道她心裡到底要什麼，還時時會有變化，所以在一起一定很累。身為男人，都是以事業為重，他才更傾向選擇簡單好懂的女人，不必浪費太多時間在感情經營上。

這位男士說得十分直白，精準表達了自己對親密關係的需求。雖然他做出的選擇讓人詫異，可是又在情理之中，因為他切實遵循了親密關係的第一心法——等價交換，所以不會心累。

在親密關係初期，男性之所以傾慕於女性，除了顏值、性格、才華、財富等的考量之外，他一定亦「貪圖」女性為他帶來的某種價值。這種價值可以分為兩類：一種是女性自身條件優越，優越到令他帶出去舉步生風、說起來就難掩喜悅，佳人在側能為他加分，讓他自我感覺良好。另一種是雖然女性外在條件尚可，實際上並不精明，甚至還有點糊塗，很多事情都需要仰仗男性相助，但是恰恰因為女性展現了溫柔脆弱的一面，與男性體貼沒野心的一面剛好契合，便能充分體現男性的價值，也同樣讓他自我感覺良好。這兩種價值都是很直白的價值交換，都是基於讓對方自我感覺良好的利益之上。

若想和另一半長久在一起，就要認真考量你們是否都滿足了對方在親密關係中的需求，你們之間的價值交換又是否對等。接下來，我將更為細緻地剖析男女在親密關係中的需求差異。

親密關係中的三大需求

親密關係中的需求分為三大類，簡單地概括便是**「身」**、**「心」**、**「靈」三大方面的需求**。

✤ 第一類：「身」的需求

「身」的需求可以從兩個層面來理解，首先是我們的身體，即身為凡人的肉身的需求，其次便是外在物質方面的需求。

肉身的需求，可以分為以下三類：

1. 陪伴的需求

很多時候，我們之所以尋找伴侶，是需要有一個人相伴。一起吃很多很多頓飯、一起逛街或遠遊……人生之路，牽手相伴而行。

2. 身體觸碰的需求

在親密關係中，尤其是女性，需要一些充滿愛意的撫摸和觸碰。對女性而言，親密的肢體接觸的需求，甚至比性本身更為重要。

很多女性更為看重和伴侶之間帶著愛意的輕柔碰觸，比如，希望老公上班之前可以和自己擁抱、親吻，這種充滿儀式感的肢體接觸會增添兩個人之間的甜蜜濃度。

3. 性的需求

食色性也，皆本性。性本身是一種十分正常的需求，很多人都希望有固定的伴侶。性生活是否和諧也關乎親密關係，它可以稱為兩個人感情品質的溫度計。

外在物質的需求，也可以分為三類：

1. 金錢的需求

對不少人而言，親密關係的穩固很大程度建立在金錢帶來的安全感之上。

經濟條件普通的男性也許奮鬥多年都無望在大城市購房，可是，倘若女方家境殷實並能共同出資，便可以很快將買房計畫提上日程。同樣，出自普通的原生家庭、自身也無很強賺錢能力的女性，若她嚮往婚後過上錦衣玉食的生活，那麼在交往初期，男人雄厚的經濟實力會是一個很強的加分項。

我個人認為，男人到了一定的年紀，擁有一定的財富基礎至為重要。我並非勢利現實的人，因而年輕時一向不太在乎交往的對象是否富有。可是，倘若男人已過中年還未蓄積到可觀的財富，正說明他的氣魄、度量和格局都存在一定的局限。隨著年歲增長，金錢的量級變化恰好是一個人內在格局的顯化。

只論個人實力的話，男人二三十歲時一窮二白確實稀疏平常，可是假如他蹉跎到四五十歲依然沒有打下堅實的經濟基礎，這就表示他的性格或者為人處事方面存在一定的問題，而這些問題或多或少會帶入到親密關係的相處模式中。

我要特別說明的是，我並非在向大家灌輸挑選伴侶一定要找有錢人的觀念。其實，挑選伴侶最核心的是要看他的個人潛力、人品優劣、是否有賺錢的真本事、是否有容錢的度量等，這些才是最為重要的。

2. 社會地位的提升需求

外在的物質需求還包括社會地位提升的需要。倘若對方並不富有，但是他出身自書香門第或者名門望族，享有一定的社會地位，婚姻本身也會使另一方的社會地位得到提升。

正如英國哈利王子和梅根的婚姻，讓梅根從奮鬥多年仍無法躋身好萊塢的十三線小明星，一躍成為當下的國際名流，引得萬人矚目。通過這次婚姻，梅根個人的社會地位顯然獲得了極大提升。

就普通人而言，婚姻帶給個人社會地位和名氣的變化不會有天壤之別，但我們以此可以懂得很多富人的婚姻為何會一朝崩塌，因為對他們而言，婚姻牽涉到財富、名氣和社會地位，倘若雙方打破了之前利益等價交換的天平，當弱勢的一方不再能甘之如飴地付出，強勢的一方不再慷慨給予，就會導致婚姻分崩離析。

3. 解決社會壓力的需求

外在的物質需求也包括單身壓力，原因主要有兩個方面，其一是來自父母和傳統價值觀的壓力，其二是來自社交環境的壓力。

當子女到了適婚年齡，很多父母便會心急如焚般催婚，而倘若身處觀念相對傳統的公司，如果年近四十還未結婚，相熟的同事或公司領導也會投來異樣的目光，一定程度上還可能會影響個人職位的升遷。若躋身政界或演藝界，婚姻的重要性就更不可同日而語了。

如果能在適齡階段擁有穩固的親密關係，就可以免於承受來自父母的催婚壓力和來自周遭人群的社交壓力。

以上三點就是在「身」這個層面的各種需求。當互相滿足了這三點需求，雙方表現出來的就是充滿愛意、你儂我儂的狀態。有人可能會反駁，批評我是不是把浪漫的愛情描述得太過現實、太過「血淋淋」了？其實，當對方基於「身」的需求去選擇親密關係的伴侶時，作為當事人的你，可能真的分不出他是真心所愛還是虛情假意，甚至對方自己也不一定界定得那麼清楚。可是，人都是有感情的，在一起長久相處，都會建立起情感的連結。因此，我們不妨在心裡看清楚現實，也能自在享受這份關係。

第二類：「心」的需求

「心」的需求也可以分為三類：

1. 我們的心需要情感的慰藉和支援。

這是女人最為在乎的部分，在感情上被滋養、被支持的感覺最為珍貴。

2. 我們需要有一個人能和自己一起面對這個殘酷的世界。

單身落寞時，我也會感覺身邊缺少一個能和我站在同一陣線面對這個世界的伴侶，哪怕身邊有關係再好的閨密、兄弟姊妹，懂我愛我的父母、兒女，心依舊會有空洞的感覺。

倘若有伴侶，不管遇到任何事情，哪怕只是瑣碎到不值一提的小事，你的情緒都會有一個出口，那個人可以承接、可以傾聽，這種情感上的慰藉會讓你覺得這個世界上總有一個人和你站在同一陣線共同抵禦風雨，你們的生活共進退，是利益共同體，這是一種相當美好的感覺。

當然，很多親密關係發展到後期，對方或許連你受傷這種大事都會無動於衷，這種漠然恰恰說明這段關係差不多走到了盡頭。

3. 我們可以一起享受兩個人都喜歡做的事情，擁有共同的愛好，在心理層面獲得滿足。

也許有人很享受一個人看電影的感覺，可是總歸有些遺憾。如果有人陪你一起，將其作為一種有儀式感的娛樂，之後還可以一起細細回味、熱烈討論，這都會為你們的生命增添更多美好。

如果你們恰好擁有共同的愛好，譬如球類運動、爬山遠足、遊山玩水等，一起沉浸享受，這無疑是非常美好的體驗，也可以滿足感情的需求。

❉ 第三類：「靈」的需求

「靈」的需求即心靈的共鳴和相互理解，靈魂伴侶最為可遇不可求。

我經常勸告女性朋友，尤其是有一定社會閱歷的女性，如果想找伴侶，要把「身」、「心」、「靈」三個方面的需求分散到不同人或物之上。比如，收養能時刻陪伴在側的寵物狗，可以給予你最熱烈和充滿愛意的撫摸觸碰；廣泛結交有社會資源的朋友，可以助你提升社會地位；尋找擁有共同興趣愛好的朋友，如爬山的山友、開車自駕的車友等，可以讓你在心理層面獲得滿足。

若你只想找一個人，承接和滿足你所有的需求，即把「身」、「心」、「靈」三個方面的需求全都寄託在他一人之上，妄圖享受一條龍的服務，不誇張的說就是「癡心妄想」。尤其在心靈的共鳴和相互理解上，因為在心靈層面能夠深交的人本就不多，再要求伴侶同時滿足你的其他需求，就更是難上加難。有時，我自己會覺得，志同道合的好朋友，甚至心理諮詢師都是可以在心靈層面和你達到一定程度交流、給予你理解支持的人。和伴侶在一起時，若能和對方達成片刻的或特定時刻的心靈共鳴，就實屬不易。在親密關係中，真的不能太過貪心，要儘量分散自己的各種需求，切勿太過依賴伴侶一人。

男女對於情感需求的認知差異

自古以來，性別角色的分工十分清晰，男性要承擔社會、政治和經濟責任，而女性則被期望扮演好母親和家庭生活管理者的角色。這種根深蒂固的社會價值觀和文化觀念的影響，導致女性常把個人需求拋到一邊，而優先照顧別人的需求，女性也常將自我意識和關係中獲得的認同混為一談，即女性的自我價值觀是被男性或家庭的期望和評價塑造的。

因此，當失去愛情時，女性會比男性更為心痛、更受打擊。當親密關係瓦解、婚姻破裂，女性失去的不僅僅是一份美好的情感，更喪失了自我價值感和自我認同感。這便是女性的弱點——把自我的價值依附於男人或家庭之上。

相比之下，男人則是從獨立的角度看待愛情，即他們追求的是自主性和自我的滿足感和成就感，愛情永遠都只是男人生命的一部分。試問曾經風流倜儻的男性年輕時最得意的時刻，恐怕有的會揀毛頭小夥時期的獵豔經驗出來吹噓一番，不過大多數男性還是以年輕氣盛時就一展宏圖為榮，事業在男性的生命中始終占據著最高的地位。

即使是情感上從一而終的男性，倘若被問及同樣的問題，他斷然不會和你談起他的婚姻情感史、他和老婆之間的感人故事（除非他是個戲精），而只會品評他的職場成就、事業巔峰時刻。如果你有機會多與年長的男性溝通，你就會深刻明白，男性的自我價值感不會依附於愛情之上，他們生命中的里程碑都出自事業的功勳和成就，很少來自於感情。

通過男女對於情感需求的差異比較，我們可以知道：女人是從連接的角度看待愛情的，她們需要和他人建立連接，更需要和親密的人緊密相連。也許正因為如此，在夫妻關係確立之後，即使許多女性受盡虐待，都不曾想過離開，因為在她心裡，彼此已經建立連接，她的自我價值已經依附於男性和婚姻之上，就不願意分開、割裂彼此的連接。

由此來看，女性更容易受制於親密關係，所以我更建議女性朋友們在進入親密關係之前，一定要清晰認知到——**所有的關係，不僅僅是親密關係，能夠維持的原因，都是一種利益價值的等價交換**。

也許你會反駁我，有人就是純粹因為喜歡而和你在一起。若如此的確很好，可是你細細揣摩會發現，其實他的喜歡也是有條件的。我常常說，愛情就像彩虹，彩虹很美很虛幻，愛情亦如此。愛情也是透過身心靈三個方面的需求被滿足後折射而成的幻化的心理感受。你自以為義無反顧地深愛這個男人，其實未嘗不是被你的需求所驅使使然。

慚愧的是，我也是迷途知返才懂得這個道理。曾經我對親密關係最大的需求，是獲得男性對我的認可、愛慕、讚賞甚至崇拜。後來，我才恍然大悟，原來我一直試圖在男性身上獲得自我滿足。倘若有個男人十分懂得迎合我的需求，我就會深深愛上他，並認定他就是我的靈魂伴侶。年輕涉世未深的我，碰到渣男並且墜入陷阱中無法自拔的機率自然比較大，令我吃過的苦頭也比較多。

當清晰明瞭男女對於情感需求的差異後，我更是立即告誡自己，務必捨棄對親密關係的錯誤需求。因為我更深切地懂得，我並不需要在男性身上獲得自我滿足。我也痛徹心扉地記得，為此我曾付出過巨大無比的代價。當決心捨棄這種需求，我反而發現周遭男性對我產生的不可名狀的吸引力瞬間銳減，諷刺的是，自此我再也沒有碰到過所謂的「靈魂伴侶」了。

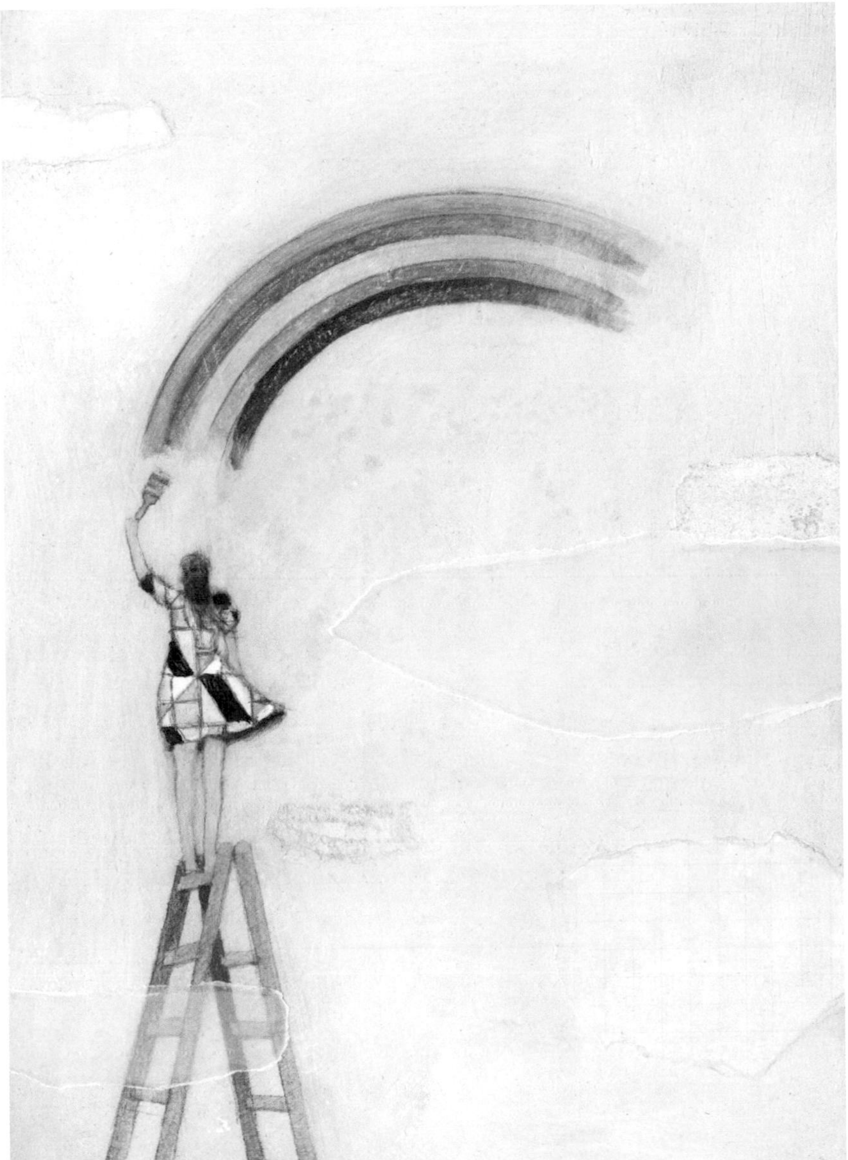

只有關係中的能量保持平衡，雙方的關係才能長久

不僅要理智認清情感需求的男女差異，我們也要作好充分的心理準備，很多人本質上是勢利、現實的，一旦你失去了某些光鮮的外在條件，或者他和你的關係失去了利益的捆綁，對方的熱情就會瞬間冷卻。這一點在交友時，相信大家都曾經歷過。

這讓我不禁回想起一位故友，曾經我一度認為我們倆是最好的朋友，直到有一天我對他有所求時，他居然擺出一副不情不願的樣子，我至今都歷歷在目。我當時內心十分震驚，我們的友誼何以至此？平時我對他都是竭盡所能付出，難得求助他，居然會受到如此冷眼對待。時過境遷，我漸漸釋懷，他從頭到尾都是極其自我中心和極度自私的人，他曾經所謂的關懷並不真誠，之前的關係互動也是我主動比較多。

當然，我並非詆毀他的為人，而是客觀認識到原來他和我之間的友誼互動、溫暖關懷，更多建立在我自己的幻想之上，我悔恨自己沒有及早認清他是那種一旦自己的利益被觸碰，你以前對他的好就會全盤被否定的類型。在我錯誤理解的認知中，我們是屬不分彼此、為了對方可以兩肋插刀的至交，事後看來這純粹是我個人的誤解。

心理學家歐文．亞隆曾經說：很多時候，友誼或婚姻會破裂，是因為雙方缺乏真誠的互動和真誠的關懷，其實你不是真的關心對方，你只是因為用得上他而已。這句話

說得極好，我當初會對這位朋友盡心盡力，也正是因為我想獲得他的真心關懷和情感依賴。我的需求是如此強烈，以至於我完全忽視了對方品性，以及他能否和我建立等價交換的關係。從我的個案中，也可以獲知在親密關係中，除了關注對方的需求、懷著真誠的心去交往，同時也要平等地接受和付出，只有關係中的能量保持平衡，雙方的關係才能長久。

那麼，到底是哪些原因導致了關係中能量的失衡呢？網路上曾經流傳一句俗語：找伴侶之前，你腦子進了多少水，結婚之後你就會流多少淚。對女性而言，最可怕的就是出於某些幻想而進入親密關係。

這裡所說的幻想主要分兩種，第一種是幻想親密關係的結局都如同童話故事，王子和公主攜手就可幸福終老。女人也許都曾幻想自己應是受盡寵愛的公主，只要找到深愛她的男人，現實中所有問題都可以迎刃而解。英勇的王子會為她打敗惡龍，以身犯險營救她出去。然而，現實的情況可能截然相反，來拯救你的王子最終可能會變身成為圍困你的惡龍，給你帶來更深的傷痛。

第二種是幻想扮演聖母的角色，覺得自己有無盡的愛要給予，去拯救從小沒有被好好對待過的男人，無條件地包容他，而他就會在你愛的滋養下，以愛回饋你，並且變得快樂並獲得自我價值的認同。

我曾經亦因愛的幻想而犯錯。那時，我全身心地深愛一個男人，認定他有潛力，只要有我無條件的愛和支持，他一定可以擁有自己想要的幸福生活。後來我被現實狠狠打臉，才驚覺自己的想法太過天真。

愛情猶如絢爛的彩虹，虛幻不定，也許你愛上的只是你想像和盼望的一個人，而並非真正的他。如果此時，你恰好遇到有精湛演技並懂得附和你需求的男人，你就容易被蒙蔽雙眼，陷入愛情的幻想之中。

我曾經談過一個略懂讀心術的男朋友，深諳我的喜好，會在我的面前竭盡全力展現出我幻想中的伴侶模樣，令我完全不可自拔。久而久之，我才漸漸冷靜，他只是戴上了人格面具，幻化成了我心目中的白馬王子，實際上他自身缺點太多，我完全沒有辦法接受。

也許，他有百分之三十的特質是當時的我非常欣賞的，因此當我們在一起時，他盡可能展現出那些我所喜歡的特質，久而久之，他內心也很受煎熬，因為他在扮演另外一個人，而不是真正的自己，我們之間的關係肯定難以為繼。

在情感上，我已歷經風風雨雨，如今我盡可能結合自己的切身經歷和深刻體悟和你分享，就是期望大家能引以為戒，少一些對愛情不切實際的幻想，切勿再期待完美的戀人降臨。假如你執迷不悟，你愛上的終究只是自己幻想中的人，最後註定要受盡愛情的傷。又或者，你幻想自己可以捨身拯救落魄的英雄，讓他重整旗鼓、再現光芒。這種幻想，也會讓你不由自主並充滿期待地想要去改造對方，結果終究會讓你鎩羽而歸。

親密關係中的等價交換為何也會失衡

所有的關係都存在利益的等價交換，愛情也不例外。作為女性，在這場等價交換中，還會出現哪些容易失衡的情況呢？首先，女人容易把情感需求投射到對方身上，這並無不妥，可是過多的情感需求會導致以下三個問題：

第一、需求過度，導致關係中的退化現象出現

退化，是心理學家佛洛伊德提出的一個現象，是指成年人的行為模式以及情感需求，在關係中倒退成了孩童的狀態。

進入親密關係之後，由於完全沒有設防，洶湧的愛意很容易讓對方承接不住。兒時沒有被滿足的各種需求，也會突然間全部冒出頭來，比如，性格上極盡任性、耍賴、霸道，至於飲食、購物、行事相處更是為所欲為，顯得幼稚又霸道，令對方直接抓狂。

如果一個成年人在外工作社交時看似成熟穩重，但身處親密關係之中，又會回到孩童的狀態，做出一些不恰當的行為，這就是心理學中退化的狀態。

戀愛中的人，最常隨口說出「寶貝、親愛的」這樣的童言童語，這正是因為熱戀之人

已退化到了孩童的狀態，不過親暱的情感需求，他們只會投射到親密的伴侶身上，給親密伴侶造成莫大的壓力，而不會波及旁人。

第二、我們自己可能也鄙視自己的退化性需求，因此不會明確地表達出來

比如，你的生日或你們的週年紀念日，你理所當然認為對方主動記得，而無須你的刻意提醒，否則任何重要的日子都會失去本應有的意義。你也期望對方總能猜透你的心意、滿足你的需求，若不能就會大發雷霆。這樣極高的期待和無須表明的需求，會給親密關係的雙方造成很多不必要的負擔和衝突。

第三、女性會把自己情緒需求未滿足的痛苦，全部歸咎到對方身上

尤其是退化的情緒需求，如果對方不能滿足，女性就會認為，生命中的不快樂都是由對方造成的，而對方還需要時刻為她的快樂和幸福買單，這也是小孩子的習性，其本質就是沒有學會為自己負責。我在前文提到的女性的情感依賴問題，也可以歸因於此。

在親密關係裡，對方一開始可能給予我們很多愛與包容，但這會讓有些人因愛有恃無恐，愈發驕縱和任性，甚至提出不合情理的要求，如果自己覺得不快樂，都會歸咎於對方。

我期望大家能夠根據以上三種情況的分析對號入座，檢視自己在親密關係裡是否出現了這樣的問題。如果有，請及時制止自己，這些情況都有可能演變成親密關係裡的毒瘤。我們一定要及時覺察，讓雙方在情感方面的需求都獲得相應的等價交換或者達成一定的平衡。不要因為自己是關係中既得利益者，就忽視這個問題。

很多時候，我們在關係裡面的付出和給予，都會被我們標榜成愛，或者當別人如此對待我們，他們也將之稱為愛，這原本並無對錯之分。只是我們務必要清楚以「愛」之名的付出和給予的本質究竟是什麼。很多時候，別人對我們的好，甚至我們對別人的好，其實都已經被明碼標價。

若你對一個人付出了真心，並且愈愛他、付出愈多，他卻愈來愈自卑，這是因為他無法在親密關係中找到與自己處於平等狀態的人。他要麼居高臨下，要麼屈居於你，可是他骨子裡的大男人主義又不容許他屈居於你，因此你對他愈好，就顯得你能力超群，他的無能為力就更加顯露無疑。

當我反思自己，我對他這樣的「好」，是出於愛嗎？我覺得，這可能是愛的外在表現，表現為：你看我有多愛你，你還不好好來愛我，這種付出的背後是帶著鉤子的，即想要獲得相應的回報。當然，也不能因此全盤抹煞我對他的付出和愛，因為我本身是一個很有愛的人，愛會滿溢出來，很樂意為周邊的人做很多事情。然而，當過度付出且超過一定的界限後，問題就會顯現。因為帶有「鉤子」的付出，本質上是你想通過自己的付出作為交換獲得相應的滿足，畢竟正常的付出無須你做出個人犧牲。

一言以蔽之，所有的關係，都是基於利益價值的等價交換。可能又有人會反駁，有些人的行為並不符合這個等價交換的心法。譬如，之前轟動一時的二十多歲的女孩，其交往沒多久的男朋友因車禍變成了植物人，她不離不棄照顧和陪伴他數年。聽聞故事的人都會為其真愛所感動，可是從心理學的角度來分析這種不合常理卻義無反顧的付出時，會發現女孩受到了內在驅動力的影響。也許她懼怕被外界指責她拋棄男友，也許她內心真的難以割捨，因此表面上是出於愛情而無怨無悔地付出，實則是受到內在驅動力的影響至深，使她違反了人類的自私特性，做出了極大的個人犧牲。

當我們看待愛情的眼光裡，加入理性這個元素，就可以擺脫戀愛腦的束縛，用更加清晰的眼光看待親密關係，看清關係中雙方的真實需求，用真誠的心來對待彼此，未來的美好關係就會在不遠處等待著你。

・自我練習15・
自由書寫

Chapter 16

心法二「臣服命運」

伴侶的真相

親密關係的第二個心法：每個人的親密關係，和他自己的人生劇本（也就是婚姻和命運）是緊密相連的。

所謂命運，就是一個人的人生劇本。每個人性格各異，對於發生在自己生命中的事件的看待方式和反應模式都會有所不同，因而造就了我們不同的人生。

每個人出生時，就帶著自己獨特的ＤＮＡ來到這個世界，而因為環境和成長過程中的種種經歷都會對我們的性格產生影響，而我們看待事件的方式和反應的模式，又會造就我們不同的命運。很多時候，你在生命中某個時刻會遇到什麼樣的親密關係，取決於我們的人生劇本，它有著一條清晰的故事線，同時它也是我們必修的人生功課，不容我們逃課。

所有的人生劇本還是人生功課，目的都是讓我們來修行學習、體驗人生的。如果你時常感覺人生過得很不開心，在地球這個巨大的遊樂場玩得並不暢快，就需要回觀一下自己受苦的原因是什麼？我們為此要做的功課又是什麼？因為每個人都有自己人生功課必修的學分。

倘若你總帶著受害者心態，因為缺乏安全感而任性索取，那麼你的親密關係也會受此牽連。很多瑣碎的小事就會像開關一樣，隨時啟動你「不安全感」的運作模式，或者開啟你的受害者程序，造成你在關係中承受無盡的矛盾和痛苦。那麼，如何才能破繭自救呢？

那就是修好親密關係這門功課，並藉此改變自己的個性，進而重塑自己的人生。至於改變效果，則取決於我們在性格模式中擁有多少學習摸索的能力。

我至今兩次結束婚姻，我也有了自己不適合婚姻的覺悟，並決定此生不再踏入婚姻。可是，我依然可以繼續修煉我的親密關係，倘若有機會遇到合適的男性，也會嘗試踏入關係，然後將對方當成一面鏡子，不斷地來照看我自己的內在。在鬥爭期間，我也會試探到底該如何才能與對方相處融洽愉快。

親密關係最能夠激起我們潛意識裡面最深的那些傷痛。每每此時，就說明我們到了要修習這門功課的時候，而我正是採用這種方式，來面對我天生親密關係就不佳的「命格」。回顧我的前半生，我最大的改變、成長和領悟，都是在親密關係之中磨練而來的。因此，有時我甚至不敢想像，如果我的親密關係一帆風順，我現在會成為什麼樣的人。

雖然每個人來到這個世界都有各自不同的故事線，大家的人生經歷也不盡相同，可是，當我們歷經折磨、苦難、頻頻在親密關係中受挫，或者不斷犧牲卻無法獲得同等回應時，還能夠謙卑地把外界的因素歸因於自己的人生劇本和命運，那麼我們就會對那個人少一些怨怒和憎恨，不會把自己不快樂的原因完全歸咎到他人之上，而你也可以藉此學習如何去掌控自己的快樂。

倘若你在親密關係裡，和伴侶相處得並不愉快，可是你願意臣服、願意放下，就不會對他有過於強烈的怨懟和恨意，哪怕你們的伴侶關係註定要走向破裂，終究不至於成為雙方仇人般的存在。就像我和我的兩任前夫，尤其共同育有小孩的前夫，我們至今仍保持不錯的關係。我每每可以打電話過去，他都會很開心地接通，彼此問候再進入正題，從不會對我有任何仇視的態度。雖然當初是我主動棄他而去，也難免對他造成傷害，然而時隔多年後再見，他對我絲毫沒有怨恨之意。我分析其中最重要的原因是，無論我曾做過什麼，他都懂得我一如既往的真實，從未對他有任何欺瞞。

時至今日，即使我的親密關係註定不好，讓我無法擁有婚姻，或者一段比較長久的親密關係，但我還是儘量把每一段關係妥當處理，不留怨念，互不虧欠。

親密關係這條路我已走過一遭，親身體驗過後，我也想把自己最真實的體悟跟各位分享：當你相信並臣服於人生劇本，並且學會自我負責，把向外索取變成向內探求時，你的親密關係自然就會變得順暢，你的人生也會更加輕鬆自在。當然，我最終學到的最佳功課就是不再仰仗、依賴男人帶給我快樂，我要為自己此刻當下的快樂負上全部責任。

我仍記得剛和共同育有小孩的前夫離婚時，對他懷有諸多的不滿和怨懟，並且會把這份情緒付諸語言去向別人表達。後來我發現，雖然我的確對他心存不滿，並且因此毅然決然地離婚，可是，我發現我之所以這麼做竟然還是因為自己心懷愧疚。我認為離婚這件事情讓我感受到了巨大的羞愧感和愧疚感，而且錯都在我，所以我必須要一直數落對方的不好，來證明我選擇離婚是明智的。我迫切地想向自己證明：我沒有犯錯、不是我不好、是他有問題。當然，我也聽聞前夫和別人抱怨過我的缺點，以此來說明我們婚姻破裂的真正原因。因此，我們是有極大可能成為分手之後，一直耿耿於懷、痛恨對方、埋怨對方的離婚怨偶。

然而，當我意識到自己的行為模式後，我決定收回自己的不滿和怨懟，我不需要用這種方式來證明自己是對的。而我最好的贖罪方式，就是把我自己的生活過好、把我的家人照顧好、和前夫以及前公婆維持好關係，創造一個令大家都能感覺愉悅的相處模式。

平心而論，我的命運似乎很好，但換個角度看也許又很糟糕。若說我是一個事業心極強、喜歡追逐名利的人，那麼我的命運自然相當好，因為我的事業一直順風順水。可是回觀我的前半生，我最為重視的是情感的連接，無論是和我的家人、朋友、工作夥伴還是伴侶，情感的融合、相處的和諧，對我而言都至為重要。親密關係也曾是我生命中的重中之重。

當我在親密關係中遭受挫折和痛苦時，我所深愛的父母、家人、孩子，與我有深厚友誼的閨密、事業夥伴，我所不懈努力的事業、我孜孜不倦的興趣愛好，以及我所取得的內在成長領域的成就，似乎都變得毫無用處和意義了。最終，我還是主動放下和捨棄一定要和一個男人有情感連接的需求，回歸到己身、和自己的心待在一起，和大自然建立連結，並且獲得歸宿感之後，我才解開了命運中親密關係註定不好的詛咒。於我而言，放下和臣服，就是最好的解決方法。

當然，有時我的心裡還是會有一絲絲的遺憾，某些片刻也會想念和一個人全然連接的那種幻象。然而，這也是擁有「親密關係不好」的命運的人此生的功課，我們必須全然接

受。而後，對的人可能在不經意間就會出現，而那時的你定然可以優雅地、輕鬆地進入一段關係中，不再糾結、不再牽纏，只需盡情享受關係中美好的部分。

然而對我們來說，這的確是一種考驗，那如何才能真正接納自己「命中註定親密關係不好」的這件事呢？

你要知道個人成長的意義

這一生會有什麼樣的經歷和遭遇，與我們的個人成長、自我觀察、分析反省有很大的關係。在親密關係中，我們常常要回觀自己是否存在不良的行為模式，我們的信念中是否存在根深蒂固的負面觀念，我們對待特定的事情又是否存在固定的反應模式？不論行為模式、思想觀念還是反應模式，我們要檢視他們是來服務於我們的，還是來製造破壞的？通過個人成長，我們可以修正自己的命運軌跡，讓命運的走勢掌握在自己手中。

你要找出自己相對應的功課

每個人的人生功課通常都會在性格中體現，比如親密關係不佳的女性，要麼太過強勢，喜歡控制對方；要麼過度依賴，任何事情都仰仗對方相助，把自己的喜怒哀樂都交由對方，還要求對方亦如此；要麼對親密關係不在意、不上心，比如，婚後一直忙於照顧小孩、料理家務、追求事業，疏於和你的男人建立友誼和親情，彼此沒有建立起深厚的情感連結；要麼沒有女人的風情和生活情趣，使得親密關係無法順遂；要麼就是婚前全然沒有擦亮眼睛，所托非人……其實，這些都是我們自己可以掌控的因素。

以上，就是你在親密關係裡要學習和應對的功課，把它們都學會了，在哪裡失敗，就從哪裡爬起來，這是我身體力行的親密關係哲學。

你要學會接受和放下

有時，在某個階段，你必然有一段單身的時光，令你學會和自己獨處。高品質的獨處是非常滋養人的，也可以讓你從中獲得很多智慧，人生很多不同的樂趣和面向都因此而能被你看見。因此，可以接受和自己高品質獨處的人是難能可貴的。

當我們知道自己的命運之後，要去看到自己需要學習的功課，同時能夠臣服、接納、放下那些自己原本執拗的各種想像和欲望。

我從小就盼望「願得一人心、白首以終老」的結局，這是我一生的追求，可是我的命運齒輪發生了偏移。起初我並不清楚自己的人生劇本走向，也不願意接受脫離既定軌道的現實，所以因此受了很多苦、吃了很多虧。

你要試著做一名好演員

或許，我們的人生劇本是無法更改的，但是假如作為一名演員，如何演出是你可以自己決定的。比如，你的劇本給你設定了一個極度悲傷的情境，可是你知道自己是演員，不用受到劇本的刻板束縛，你不必流露出無限的悲傷和無盡的絕望，你完全可以磨練自己的演技、改變自己演戲的方式來順應這個劇本，即改變自己回應人事物的方式，如此一來，你就能活出自己人生劇本當中的最佳版本。

我們常說，有些人拿到一手好牌，卻被自己打爛了，而有些人拿了一手爛牌卻打得非常漂亮，這就是因為演戲的方式不同，產生的結果也不同。一個人想要磨練出絕妙的演技，自我成長和修行是至關重要的，當我們累積了足夠的內在力量，對自己和這個世界有了更多的瞭解，我們就能遊刃有餘地去決定自己的人生劇本要怎麼演。

· 自我練習 16 ·
製作親密關係願景板，
制定行動計畫

· 冥想 8 ·
接納生命，
允許不同

Chapter 17

心法三「以退為進」

你永遠不可能改變一個人

親密關係的第三個心法：誰痛苦，誰改變。

在親密關係裡，我們常常抱有一種不切實際的期望——因為愛我，對方會甘願為我做出改變。

然而現實的情況是，這發生的概率微乎其微。因為一個人只有在符合他當下自身利益的情況下，才會心甘情願做出改變。

那麼，什麼情況才會關乎到自身利益呢？他真心待你，你亦投桃報李，倘若小有摩擦，他願意退讓和改變，只是他會因時而異罷了。假如不論他如何回應你掏心掏肺的付出，你都一如既往為之，權衡之下，他就會判定自己毫無改變的必要。如果即便如此，你依然無怨無悔付出，作為既得利益者，他定然無動於衷，因為「改變」與否都不再牽涉到他的自身利益。

當對方想要獲得個人成長，並和自己的切身利益相關，或許才會願意改變

我的兒子就是很好的案例。雖然他年紀已過二十，但在我眼裡還是可愛的小孩。最近，他忽然找我傾訴：「媽媽，我想要找一位心理諮詢師。」當我問他想找什麼類型的心理諮詢師以及諮詢的目的時，他坦言：「我發現自己似乎不太能同理別人的痛苦，也不太能覺察到別人的需求。」

當時，我就在心裡偷笑，因為我深知他自小就存在這樣的問題，他有輕微的亞斯伯格症，因而難以覺察別人的需求和暗示，必須明確告知你的需求，他才能心領神會。

聽聞兒子突然提出這樣疑問的片刻，我內心十分為他欣喜。他和親人朋友都相處融洽，女朋友也很愛他，當他自發產生改變的動力時，便說明他自我改變的時機到了。這是因為所有改變的前提，都是這個人有內驅的動力，即有意願主動改變自我。

親密關係的第三個心法，其核心是：你永遠不可能改變一個人，亦無法迫使一個人依照你想要的方式做出改變。你唯一能做的是創造恰當的情境或環境，讓他主動做出改變。人好比被各種程序主宰而自動運轉的機器，程序設置如何運行，人就會乖乖照做。你可以做的是，想方設法開啟他的優良模式，讓他得以良性運轉。譬如，以適當的示弱、真心的

讚美和欣賞、自我感受的真誠反饋，甚至任性地發發小脾氣（這些都因人因時因情境而定），通常都能動之以情，讓他從不良運作模式切換到良好的運轉模式。

親密關係雙方互動的能量場是封閉且固定的，如果你們的能量膠著糾纏在一起，你做出改變時，他也會隨你改變。因為量子糾纏的原因，一方做出改變了，另一方也不得不為之。請注意，我這裡所指的只是能量上的改變。倘若只是行為上的改變，背後亦裹挾著「我都身體力行了，你竟然還不改變」的心理動力的話，對方也會心知肚明，自然不會輕易上鉤。

只要你首先做出改變，對方不可能無動於衷

近來，有位朋友在我家小住了幾日，和我坦誠聊起她老公當年外遇的問題。其實，在實質性的外遇發生之前，她已經當救火隊員般多次撲滅他老公外遇的小火苗，可是年歲漸長，小三對象卻層出不窮，她也厭了倦了。

於是，我先詢問她目前的婚姻狀況如何。我問她：「總體而言，你老公現在還是顧家、愛孩子的好男人嗎？」她說：「當然還是，他孝順父母也疼愛孩子，對我也和以往一樣不錯，畢竟我們也曾瘋狂地相愛過。」

我再問她：「那麼，你和他的父母現在相處得如何？」她回答：「我們的關係一直非

常融洽，他父母也很尊重我，雖然有時不免會袒護兒子、幫兒子說話。」

我笑了笑，意味深長地對她說：「其實，你手上已經有了三個『人質』了，公公、婆婆和你的孩子。不僅如此，你還在幫忙管理家族產業，這些都是無法替代的優勢，你的老公斷然沒有膽量跳出婚姻這座圍城的。眼下，你已邁入不惑之年，你老公的年紀也不相上下。對他愛拈花惹草的毛病，你可以試著先放手，不予理會、更無須費盡心機去抓他現行，也不必大費周章地挽留他的心。安頓好自己的心，先把自己的生活過好，修心、瑜伽、冥想、閱讀、提升自我、追求事業、照料孩子、善待公婆，只專注於自己的生活就好。」

此別之後，她決心改變，不再過問老公的行蹤，在親密關係互動的能量場，也不再是單純索取的那方，結果奇蹟竟然就此發生。出乎她的意料，她的老公完全大變樣，以前每次覺察到老公的需求，她就無條件地配合和滿足他，可換回的卻是老公的愛理不理。當她主動疏離他、專注於自己的領域時，結果兩個人的能量磁場徹底發生翻轉，如今她的老公會主動配合她、關心她的需求。

在親密關係裡，雙方的能量場是互相影響、此增彼消的。這大概就是所謂的「量子糾纏」，只要你首先做出改變，對方不可能無動於衷。

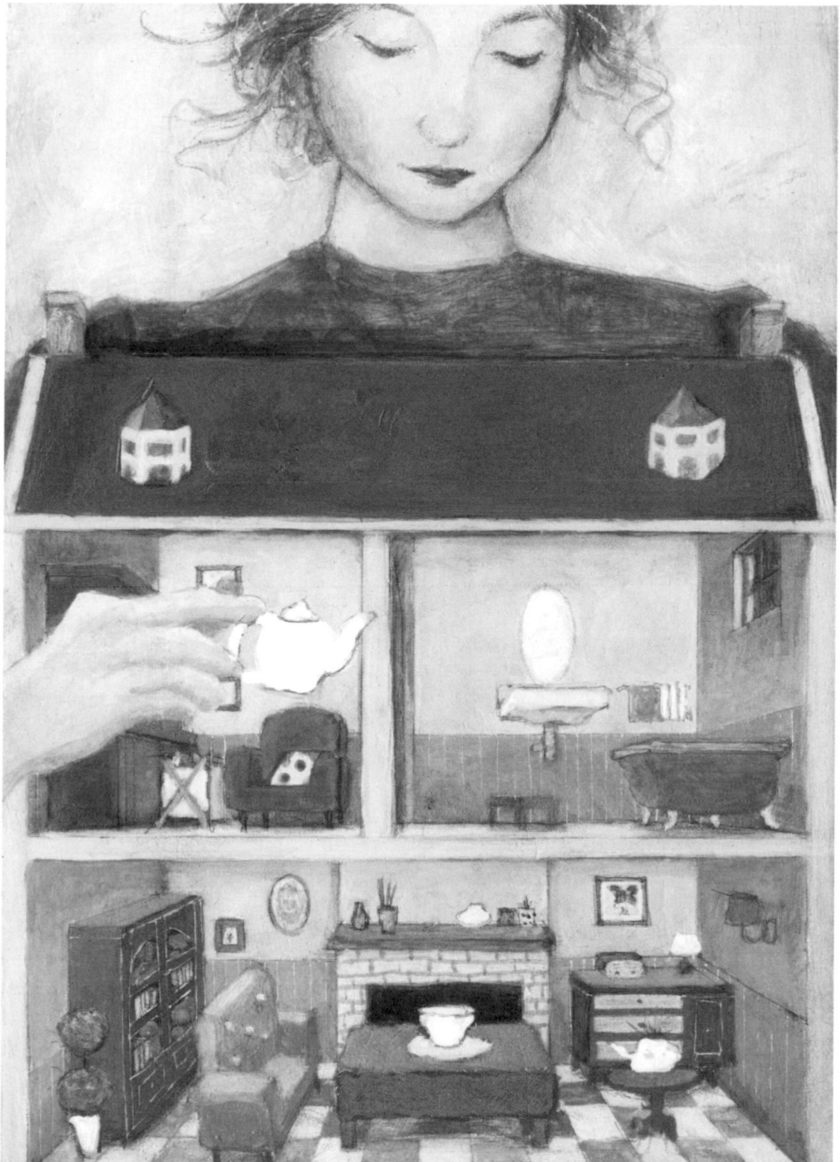

有時務必以比較決絕的方式，才能讓對方得以反省和改變

再來分享一個真實的案例。我和我的閨密，已是相識二十餘年的好友，我一直掏心挖肺地對她好，可謂不計回報，而她始終是自我為中心的人，不僅個性自私，對金錢非常吝嗇，心眼氣度還小。她的這些缺點，別人難以覺察，只有在她單獨面對我或者她老公時才顯露無疑。而她呈現給別人的形象，始終是個性天真善良、可愛又溫柔的人。

然而，正因為我對她太好，她就理所當然地把早前從原生家庭沒有獲得、亦未被滿足的需求都寄託在我身上，好像我對她的所有付出都理所應當，不求任何回報。因而，多年以來，我們的相處模式都是我在包容她，而她都在向我索取。

這樣不對等的關係愈演愈烈，以至於她最終做出一些突破我底線的事情。之後，我就開始避讓退縮，不再將她當成我最親密的閨密看待，而是將她降格為普通的朋友，謹守一定的邊界。每當她聯絡我，雖然我仍會給予回應，打電話給我時，我也會和她聊天攀談，但我們再不似從前那般親密。雖然她早已察覺我對她態度的巨大轉變，但直至近兩三個月，她才真正地開始自我反省、懺悔，最終真誠地和我道歉，檢討自己在關係裡的諸多不足，她也終於明白自己曾多麼自私自利、多麼不知感恩、多麼任性盲目，後悔自己未好好珍惜我對她的好。

聊到最終，我們雙方都在自我檢討，她發誓自己一定會改過自新，可是我已經釋然，因為我們之間的問題在於我沒有看清她的為人，對她存有幻想。此時認清她的本質後，我們依然還能是好朋友，只是我不會再有誤解，亦不會再抱有期待，而沒有期待就不會再受傷和失望了。

不過，我也得以瞭解她的自我反思是極為深入的，讓她內在的很多問題都得以浮現。經過此次交心的談話後，她對我的態度確實發生了巨大改變，對我盡心盡力，時不時問候我、關心我的境況，這說明她真的有能力來獲得自我成長和改變。

因此，在某些情況下，我們可能需要以比較決絕的方式，才能讓對方得以反省他曾經的所作所為是多麼自私、多麼傷害彼此的情誼。否則，對方會總是把你的好視為理所當然，甚至還對你心存怨懟，不知感激。

必要時採取戰略性撤退的策略，以退為進慢慢籌謀

當你無條件對一個人好時，也會把自己的期許、希望和依賴都投射到他身上。你不斷地付出，渴望以此換回一段親密無間的關係，然而結果往往事與願違。

歷經親密關係的大風大浪之後，我才真正具備高品質獨處的能力，當情感獨立後，我的內心世界亦變得豐富多彩。我不再懼怕失去任何親密的人，包括愛人、閨密、摯友。也正

因為我的這份「不懼」，個人氣場也隨之發生改變，周遭親密的人都能明確覺察到，於我而言，雙方友好情誼都是相互成就的，倘若對方不再真心相待，我自可以隨時抽身離去。

如果你也能讓對方有這樣的覺悟，你們之間的關係一定會有實質性的改變。尤其在戀愛初期，關係尚未穩定時，切記把兩個人相處的姿態和基調定位好，否則，當進入關係的穩定期，人會更難改變。

即使親密關係發展到我們必須採取戰略性撤退的策略、必須刻意保持距離時，我們也不能將目的的「鉤子」藏在身後為要挾，否則就是以冷暴力為手段，以此強制對方臣服於你。我們採取的戰略性退縮的前提，應當是看清真相之後的回歸中正，而非抱持過度的期盼和幻想偏離目標。

假如戰略性撤退的策略有效，他想和你重歸於好時，你要判斷自己是否仍喜歡他，並依據當下的感覺來決定是否重新接受他。即使已邁入婚姻也是如此，並非離婚才是唯一的解決辦法。為了孩子、為了家庭，先別決絕地離婚，而是捨棄所有不切實際的期望，以退為進慢慢籌謀。

最為重要的是要讓他自我感覺良好，讓他覺得有利、有用

每個人的個性、習慣、想法都是根深蒂固的，除非他自己願意，否則沒有人能改變另

外一個人。然而，在親密關係中，男人往往想尋找能充當完美母親的女性，女人則想尋找能充當完美父親的男性。倘若能找到和自己父母相像的伴侶，可能就會不由自主想去改造對方，因為對方絕無可能百分之百貼合你的想像。在你試圖改造他，讓他給予你從小到大一直想要，卻從未得到的女性的關懷溫暖，或是男性的堅實守護時，你就掉入了親密關係的陷阱，最終一敗塗地的機率相當大。

在一份親密關係裡，你的好，以及你對他的好，對他而言都不是最重要的。最為重要的是要讓他自我感覺良好，讓他覺得有利、有用。因此，你對他再好、他再愛你，都不一定會讓他改變，每個人的內在都有一個自動化的運作模式和計算機制，他如何計算衡量你們之間的利益關係，連他自己也無法控制。

根據我的觀察，大多數人都不是按照對自己最為有利的方式為人處世。就像我的前任、閨密，以及之前提及的同事和助理，我對他們都非常好，他們也獲益頗多。我一直都不是非常難以相處的人，然而他們對待我的態度以及和我相處的方式，對我們之間的關係都是非常不利的，最後我只能忍痛離開，他們才終於意識到事情的嚴重性，以及自己的損失之大。也正因為我對他們太好，他們完全沒有意識到自己做得多麼過分，也從不珍惜我們之間的緣分。

因此，通常人們不是按照對自己最有利的方式，而是按照自己人生的劇本，也就是內建的程序和機制在做人做事，就如同機器人一樣。當你對他很好的時候，他並不會覺得他此刻對你的態度，或是他的反應模式會損害到他自己的利益，他全然看不見。

切記，切勿試圖用對一個人的好來改變一個人，也不要妄圖用這種方式來讓他提供你想要的東西，這絕對是徒勞無功的。

· 自我練習17 ·
列出你的二十七條
親密關智慧清單

· 冥想9 ·
在真愛的花園散步

Chapter 18

心法四「交給時間」

交給時間來解決

親密關係的第四個心法：隨著年齡漸增，兩個人之間的消長互動會有變化，而非永恆不變。

年輕氣盛時，尤其生育孩子後，夫妻之間難免矛盾重重，有的甚至動不動就提離婚。因為人的心態，到了一定的年齡階段後就會有所改變。因而，在生育孩子的問題上，我都勸身邊的女性朋友提前去做凍卵。為什麼呢？也許她近期不打算也沒有意願生，也許接近不惑之年反倒會改變主意。

正如我自己，生育了一兒一女後，我其實曾想過再生一個孩子，無奈當時的先生並不願意，只能作罷。我自己也考慮過現實的因素，將孩子哺育成人確實費心費力，恐怕要折騰到筋疲力盡。直到我的兩個孩子都遠赴美國讀書，我才心有悔恨。倘若我膝下還有小孩相伴，不會令我突然間有種「空巢老人」落寞和寂寥之感。試想一下，倘若你始終沒有將孩子納入人生的考量範圍，待步入甲子之年時，你的內心會不會生出些許遺憾和悔恨呢？

在我結束漫長的婚姻後至今，偶爾我也會心生感慨，似乎有個男人相伴終歸勝過孤身一人，雖然他們有缺點在所難免，但毋庸置疑必然有可取的優點，為什麼當時的我全然無視而寧可回歸單身呢？

在婚姻或者親密關係裡，如果因為太過親密造成過度期待會引發諸多問題。即使婚姻已經走到當時看來已無法挽回的地步，我們仍可以嘗試從心態上離婚、心態上獨身的方法，和對方維持不過分親密的適度關係。因為等到人生的某個時刻，雙方可能都會由於年歲增長而有所改變。大多數事情並不需要斬斷所有後路才有出路，倘若對方真的觸及你的底線，比如肢體暴力、情緒言語虐待、喝酒賭博欠債等等，那就不要奢望奇蹟發生，而是應該當機立斷，沒有任何拖延地抽身離去。

也許到了某個年紀、某個時間節點，你的人生頓時會有豁然開朗的感覺，你可能就會為年輕時衝動做出的決定後悔不已。因此，我建議大家，在婚姻或親密關係中千萬不要太過衝動。比如，男人年輕時愛玩愛鬧，疏於照顧家庭，不太顧及妻子的感受，可是隨著他漸漸心態成熟，通常會收斂心性，也許變得突然開始黏家、黏老婆，變身成為一心顧家的好男人。

當婚姻中發生衝突、出現棘手的問題，其實你完全可以交給時間來解決。尤其對女性而言，我們一旦內在成長或年紀漸長時，可能在肉體和情感上都愈來愈不需要依賴男人

了。有時反倒是，你愈毫不在乎，親密關係反而會更好。如果你們已有共同的孩子，儘量先熬過年輕時最煎熬的時光，待到年老時，你會發現有沒有男人相伴，你都可以過得更好，然而若能維持完整的家庭，相比之下是更優的選項。

倘若你在關係裡遇到很棘手的問題，且看似沒有解決方案時，切勿當下就做了斷或者自斷後路不留餘地，可以把它們交給時間去解決。然而，在心態上一定要永遠保持單身、獨立、享受孤獨且情感能夠自洽的狀態，這是讓你能夠獲取一份好的親密關係的最佳良方。

當我們真正領悟親密關係中的四個心法，並能夠自如運用和實踐在實際生活中，那麼你一定可以找到屬於自己的幸福，也會擁有一份好的心態來面對人生，在愛情和婚姻裡如魚得水、遊刃有餘。

· 自我練習 18 ·
回顧自己不同時期的
感情歷程

· 冥想 10 ·
記憶的盒子

Chapter 19

親密關係愛的錦囊

親愛的，當你讀到這裡，這趟親密關係的療癒之旅已經接近尾聲，希望你心領神會、收穫滿滿，並且能在現實中實踐運用與你分享的各種心法。最後，我為大家獻上一份「愛的錦囊」，在漫長的或浪漫、或平淡的日常相處中，期望它能助你和自己的愛人始終保持親密關係的新鮮感，更好地相處陪伴，感情亦能與日俱增。

這份愛的錦囊共有十條讓關係保鮮的秘訣：

關係的十條秘訣

第一條秘訣：要保持一定的距離感

在確立親密關係後，當雙方深入交往、日漸熟悉，就會不自覺地卸下偽裝，以為大家既然都是親密到不能再親密的人，言談舉止之間都無須再拘謹客氣，不經意間就流露出沒有耐心、缺乏邊界感，甚至沒有給予對方充分的尊重。其結果勢必造成雙方矛盾頻發，怨氣也隨之日積月累。心照不宣的怨氣，無疑是親密關係中的毒瘤，不能任其存在發展，一旦發現就要及早連根去除。

我經常勸說身邊的朋友，即使關係如膠似漆般親密，也要懂得適度保持距離，彼此不僅互相尊重，還要客氣相待。朋友不解地問我：「我和他朝夕相處難分彼此，如何才能保持尊重和客氣呢？」我回答：「不管你是否願意承認，時間和距離都是維繫親密關係最好的妙方，相處時間愈少、相隔距離愈遠，對彼此的思念和尊重就會愈多。」

當然，我並非鼓勵大家都去談遠距離戀愛，這是因為對於維繫婚姻和關係來說，難以逾越的距離會導致更多的困擾和不安。我之所以建議「在朝夕相處中，要學會保持適度的距離和尊重」，是想讓大家懂得如何妥善拿捏「距離產生美」的分寸和方式。

我有位朋友長年在異地奔波工作，她的老公則留在家鄉，以開民宿為生，夫妻之間一直聚少離多。這幾年，她終於停下步伐，退休回家，和老公廝守在一起，結果兩個人的關係卻就此發生了天翻地覆的變化。

我的這位朋友，年輕時外貌出眾、事業有成，即使已為人妻，身邊的追求者仍絡繹不絕。在家裡，她掙錢最多，自然擁有絕對的話語權，老公也因迷戀她的姣好容貌平時對她百依百順。每隔數月，她都會藉休假之機與老公小聚，老公也對她極盡溫柔，在她看來簡直是世界上最好的男人。

時至今日，她難免有些人老珠黃，和老公之間也不似從前激情澎湃、溫存如初，老公的態度也大不如前，對她不再寵愛有加，言語之間還時時流露出不滿和煩躁。一方面，男人自己的精力和心力都大大衰減，必然包容度有限；另一方面，男人也篤定自己的老婆不會再有人覬覦，油然而生的安逸感令他不必再委曲求全對老婆百依百順了。

一時之間，她難以接受這種強烈的反差，又吵又鬧，歷經很長時間的磨合才慢慢調整好心態。調整的關鍵就在於，是她接受了既定事實，接受自己已然年華老去、接受自己除了死心塌地和老公過日子之外，別無選擇。因此，她不再執拗於當驕縱的小公主，慢慢恢復到一個正常女人的狀態，兩個人的婚姻才得以維繫。也正是當她放棄對男人的過度期望和幻想、願意腳踏實地過日子後，彼此才得以相安無事了。

我曾經詢問過一對感情相當不錯的夫妻婚姻幸福恩愛的秘方。雖然結婚多年，夫妻並沒有共同生育小孩，老公與前妻的孩子和他們共同生活，一家人過得其樂融融，夫妻之間從未有嫌隙矛盾發生。

我問他們：「你們夫妻相處得如此融洽的秘訣是什麼呢？」

太太直截了當地和我說：「因為聚少離多，他有他的生活，我做我喜歡的事情，偶爾碰個面還覺得倍有新鮮感。」

可能很多人聽了會覺得難以實現，因為受經濟條件所限，大多數人無法和伴侶有各自獨立的居所，一天二十四小時不分晝夜地在一起是常態，又該如何保持距離感呢？

我的建議是，我們可以在心態上保持距離，即從精神上保持自己內心的獨立。這並非實質性的分手，而是自始至終你們都要作為擁有獨立自主人格的人來相處。他有權利專注自己想做的事情，你亦有權利盡情去做你認定重要的事情，他絕無義務時時刻刻關注你的內心感受和需要，反之亦然。

夫妻兩人本來就是兩個截然不同的獨立個體，因為締結了婚姻，才成為並肩同行的合作夥伴，一起經營「婚姻」這檔生意。兩個人可以創建各自的社交群、朋友圈，擁有各自豐富的精神世界、娛樂消遣、興趣愛好，而不是全然將個人的人生意義、價值、快樂都寄託在伴侶身上。

伴侶是共同創辦婚姻公司的合夥人，是生活中的親密夥伴，是共同贍養父母、照顧孩子的戰友，亦是面臨人生抉擇時的商討對象，是彼此相伴終生的人生伴侶。當你能在感情中舉重若輕，並且務實、腳踏實地，反而更有利於保持婚姻的新鮮度，兩個人的關係亦能得以長長久久。

切記「雙方需要保持一定的距離感」此條秘訣是經營親密關係最基本的功法，之後要講到的「秘訣」都需要建立在此基礎之上。

✣ 第二條秘訣：要保持對彼此的善意和關懷

夫妻之間如果總是惡意揣測對方，表示雙方連基本的信任基礎都不復存在，自然難以保持充滿溫暖關懷和相互支持的互動，這將為雙方的關係埋下巨大的隱患，造成潛在的問題。

在婚姻這座圍城中，很多人可謂疑心重重，反覆試探伴侶是否真心相待，多方探查伴侶是否存在刻意隱瞞，或是惡意欺騙的行為，甚至一查再查伴侶是否和異性有曖昧不清、出軌之實。

當關係中充滿各種揣測和懷疑，雙方難免會陷入劍拔弩張的狀況，之前的溫存甜蜜恐怕將蕩然無存。毋庸置疑，倘若夫妻雙方連最基本的信任都不復存在，那麼關係中充滿愛意的交流和互動也將蕩然無存。

倘若對方真的行為不軌，你大可以按照之前所說的方式來決定是否要持續這段關係。親密關係中難以決斷，問題就出在過度貪心，捨不得、沒膽量、不情願離婚，可是又無法原諒對方、不計前嫌地繼續生活在一起。如此猶豫不決的人真的需要繼續成長自己、修煉自己，才能解決婚姻中出現的困局。

第三條秘訣：要持續性地去瞭解對方

隨著年歲漸長，每個人或多或少都會有所改變。曾有人開玩笑說，男人和女人結婚時，男人希望老婆永遠不變，一直保持青春貌美、身材姣好、天真活潑，女人則希望男人改頭換面，變得顧家、體貼、強大，最好把婚前的臭毛病通通改掉，收斂心性，以老婆孩子為重。結果，結婚後，雙方都對對方大失所望。如今的社會發展的確很快，每個人的思想觀、價值觀、興趣愛好、生活習慣等都可能隨著時間的流逝而發生改變。

很多人因為工作變動，身邊相熟的朋友換了一批又一批。隨著年歲漸長，雙方的身心都不似從前，思想上也會發生潛移默化的改變。因此，雙方切不可疏忽和減少對彼此內心世界的探詢和關心，應始終保持一定的覺知與覺察。對方每天的生活狀態、所處的情緒狀態、結交的朋友、從事的職業等，你都需要有所瞭解。我絕非讓你對他的生活強加干涉和控制，你只需站在旁觀者的角度，瞭解他的近況和他此刻的心境即可，絕不干預、勸說或評論，這才是真正的關心和恰當的溫暖。若過分干涉或控制，會令對方壓力重重，充滿窒息感，兩個人也將漸行漸遠。

伴侶之間如何持續性地瞭解對方呢？可以每週都找特定的時間坦誠交談、交流傾聽。從家庭瑣事、工作煩惱、旅途見聞、新聞時事、八卦趣談，再到生命體悟、人生感受，甚至內心深處的煩惱、期望、夢想，都可以像和好友在一起時促膝長談。如果兩個人在生活層面、精神境界都能達成一定的理解和契合，雙方的親密關係將會走得更加長遠，不至於因為思想隔閡而漸行漸遠。

第四條秘訣：要定期做一些「投其所好」的事情

如果伴侶天天都親手為你做你愛吃的菜，你會作何感想？會不會覺得稀鬆平常，毫無新意？假如他平時工作繁忙、不常在家，但是偶爾會特別露一手，做幾道你愛吃的菜，你會不會覺得驚喜又開心？因此，如果你能投其所好，不定期為伴侶製造驚喜，對於雙方來說，都是可以極大地增強親密度的方式和機會。

切忌把自己喜歡的東西強加給對方，而是投其所好給他製造驚喜，譬如收集他喜歡的東西，提供他想知道的一些消息和新聞，並且和他一起討論，帶他去吃他喜歡吃的東西、玩他喜歡的項目等。

第五條秘訣：要經常由衷地欣賞和讚美你的伴侶

由衷地欣賞和讚美，是親密關係中最不要吝惜去做的事情。正因為天天片刻不離，在日常瑣碎的生活消磨中，我們難免會發覺對方的缺點。倘若雙方還沒有保持適當的距離感，亦不會刻意投其所好製造驚喜，還不懂得發現對方的閃亮之處加以讚美的話，雙方的情感互動就會日漸減少，關係也可能頻頻出現問題。相反，若你能經常由衷地讚美和欣賞伴侶身上的特質，你們的關係也會急速升溫。

第六條秘訣：要保持一些儀式感

婚姻中的儀式感，是女人們最能理解的話題，這是因為有太多女人因為老公遺忘了自己的生日、結婚紀念日或者情人節等重大節日、沒有奉上禮物而失望生氣。

對於一段高品質的親密關係而言，保持儀式感很重要，而且不僅對女人重要，對男人而言亦同樣重要。譬如，春節時，將家裡布置得年味十足、紅紅火火；端午節時，早早掛上艾草祈福、增加清新感；中秋節時，一同賞月、拍照，盡享家庭溫馨的氣氛。日常生活中注重儀式感，雙方都會覺得自己身處的是一個活力滿滿的家，充滿溫馨、樂趣，而我們的生命當中亦當注入新鮮感，做靈魂有趣的人，雙方都會更想接近、瞭解、關注彼此。

當然，在情人節、七夕、紀念日到來時，也可以和伴侶保持一定的儀式感來共同度過。其實創造儀式感很簡單，並不需要花費過多時間和金錢，也無須大張旗鼓操持，主要目的是營造一種雙方的連接感、一種特殊的氛圍和能量的變化，比如購置香氛蠟燭、送上美麗的鮮花等。很多時候，只要有好的能量流動，你的伴侶就會覺得，自己選擇的女人或者男人是個懂得生活質感的伴侶，他對生活有自己的品味、充滿情趣，進而由衷產生歡喜和愛意的心動之感。

即使伴侶對你付出的努力不喜歡也不在意，其實也無所謂。保持儀式感地過一天，你的內心就會充滿歡喜，進而產生溫暖的、愛意的流動，這就足矣。雖然伴侶表面上會說自己並不在意，但是日久天長，他會對你特別營造的儀式感心生眷戀，如果突然失去，定會悵然失望。

儀式感都是為了關係的連結而創造，可是如果純粹出於取悅對方的目的，也許收效不佳。對方可能會滿不在乎，甚至還因此給你擺臉色，你更是會因此感覺挫敗不已。因此，保持儀式感的前提，一定是為了讓雙方都感到舒服、體會愛意的流動以及一起享受關係的甜蜜和幸福，而絕非單純為了討好和取悅對方而為之。

❈ 第七條秘訣：要每天保持一點親密的肢體接觸

你可以和伴侶約定每日都遵守一個親密的小儀式，比如早上醒來互道早安、分別時擁抱親吻，這樣充滿愛意的問候或肢體觸碰，都可以維繫親密關係的甜蜜濃度。也許作為老夫老妻，已不再享有過分親暱的舉動，也可以摟摟肩膀或十指相扣，都會讓彼此感覺很溫暖。

在做這些親密的小儀式時，請試著覺察自己的內在有什麼樣的感覺，最好能堅持一段時間，再來回觀你們之間的關係有沒有因此變得更加親密。

倘若你不想把親密的伴侶變成同住的室友或兄弟，那麼請每天保持一些親密的肢體接觸，這種儀式感是婚姻中必不可少的，最好從熱戀期就形成這樣親暱的習慣。即使在往後的日子裡，你們之間發生衝突，雙方也可以通過親密的肢體接觸緩解並最終消融你們因誤會而凍結而起的冰山。

在這件事上，女性可以多主動一些。當兩個人初步確立關係後，彼此也將產生更多的肢體接觸，你就可以時不時去摸摸他的頭髮、經過他身邊的時候按一下他的肩膀，這些都是可以增進彼此親密感的好方法，你的伴侶一定也會非常喜歡。

倘若已經結婚數年，我建議你一定要始終注重個人的儀表儀態。切勿起床後還蓬頭垢面，就匆匆忙忙地去廚房準備早餐，絲毫不懼身邊人的眼光。婚姻的日常的確是無趣瑣碎的，而且會一點一滴消磨掉原本浪漫的部分，可是只要你不懈地付出努力，就可以讓兩個人之間的化學反應變得持續而長久。

記得有一對著名的夫妻說過，老公每天早上會為老婆準備鮮榨果汁，數十年如一日，即使兩個人吵架冷戰，他都不曾停止。這就是充滿愛意的儀式感，在兩個人感情跌入低潮時，這種儀式感也會提醒彼此，我們當初是多麼的相愛，我們對彼此的承諾是那麼的深，就可以及時防止兩個人背離當初的美好願景，防止雙方的關係一路下滑。

第八條秘訣：要定期和伴侶單獨約會

我建議所有的伴侶每週都可以單獨約會一次，把所有的工作、小孩、朋友暫時放到一邊，只享受你們的兩人世界。做任何想做的事情都可以，重點是只有你們兩個人，並且雙方都要有正在約會的感覺。

如果實在沒有太多空閒，也可以每兩週或者每個月約會一次，這對於維持兩個人感情的新鮮度非常重要，也是婚姻中必要的一種儀式感。

第九條秘訣：要在各個方面保持成長

我們要努力讓自己成為外在見多識廣、內在豐富有趣的人，在個人成長的路上不斷踏步向前，這對於親密關係的長久保鮮也很重要，而且不僅僅針對親密關係，對任何關係的維繫都大有裨益。

個人的改變不僅僅指髮型、著裝之類的外在改變，還有個人面對各種情景、面對外在世界反應模式的改變。如果你應對人事物的反應模式一成不變，在對方眼中就會成為一個很容易被預測的人，對方全然知曉你的反應模式，久而久之自然會對你喪失興趣。

然而，如果你能夠通過各個方面的成長來改變內在的反應模式，時常以新的表現、新的特質、新的領悟、新的樣貌示人，那麼對方自然就會在你的身上發現驚喜，因而這也是有效維持婚姻新鮮感的好方法。

於你而言，全心投入到新的挑戰和領域當中，活出不一樣的自己，也是一種可以讓自己的人生變得更加充實、讓個人變得更有魅力的方式。當然，我絕非要你總是表現出爭強好勝、自認為什麼都懂的自負感。有時，學會裝傻也是一種大智慧，當然特別要看好時機。謹記，無論對於一段關係的維繫，還是對你的個人成長而言，經常由內而外地做出改變，都是至關重要的。如今，已過甲子之年的我還在不斷地成長改變，以期探索新的領域、遇見全新的自己。當我們把生命過得鮮活有趣，親密關係也就不會淪為一潭死水。

第十條秘訣：要保持「外遇的可能性」

或許這一點會讓你感到驚訝，但這是一位著名的心理專家通過研究證明的結果。這裡所指的「外遇」，不是外遇的「行為」本身，而是指發生外遇的「可能性」。

這位心理專家的意思是指：我們需要在關係裡面注入一些「不穩定性」，這反而可以讓關係變得更為穩固。而且，這個不穩定性還是可以拯救關係裡，由於過度熟悉而帶來「淡然無味、彼此輕蔑」的最有效的方法。比如，你可以讓伴侶知道，公司最近來了一位帥哥或者美女，而且人家還是單身，好像對你挺有意思的。當然，這也需要看你伴侶的個性，如果他是特別愛吃醋、沒有安全感的人，這個方法就要慎用。

當然，「可能外遇」這件事只是一味關係的調味劑，要如何使用它、用的劑量多少，都需要你以智慧的眼光去判斷。因為我不認識你的伴侶，也不知道他的個性如何，更不清楚你們的相處狀況，所以不能給出準確的解答。

然而，從廣義上來看，「外遇的可能性」可以包括你經常出差、在事業中表現優秀、有姣好的外形條件、很討異性喜歡的性格、內涵有趣、見多識廣等眾多可能會讓異性對你產生興趣的因素。

如果你足夠優秀，除了伴侶之外，你完全可以有別的選擇，這就會讓伴侶意識到，你之所以留在他的身邊，是因為愛，因為你願意。不過，這個「願意」是有條件的，如果他不珍惜你、不尊重你，你也可以選擇「不願意」，那麼你的伴侶大概會願意花精力和時間在你的身上，希望重新引起你的青睞。

謹記，親密關係的必勝要訣是：我多愛你，取決於你對我多好。如果每個人都可以帶著這樣的態度進入關係，那麼這份關係肯定會長長久久、琴瑟和鳴。

相反地，如果你眼裡只有他這個男人，從不打扮自己，而是蓬頭垢面地一心在家裡照顧小孩、操持家務、照顧他的日常起居，那麼你的「外遇的可能性」就極低。倘若無論他如何對待你，你都無怨無悔地做這些事，你的伴侶就不會有任何危機感，更不會花心思經營你們的關係。因為他已經認定你不會離開這段關係，也就無心努力來讓你們的婚姻產生新鮮感，久而久之，雙方的關係就會變得索然無味。

以上就是我送給大家的「愛的錦囊」，這十個保鮮秘訣可以幫助我們更好地經營好親密關係，且都能馬上在生活裡實際應用。

愛的五種語言

在親密關係裡，我們也會經常去使用愛的五種語言，來提升關係的溫度。

愛的五種語言分別是：

1. 言語上的肯定和欣賞，經常由衷地讚美伴侶。
2. 服務的行動。去看見和注意到伴侶的需求，及時地進行正向互動。
3. 身體的接觸。從熱戀期開始，保持肢體上的親密互動，摸頭、親臉、接吻、牽手、散步，都是關係裡很重要的親密儀式。

4. 保證雙方有高品質的相處時間。兩個人在沒有其他人的環境和時間裡好好地相處，定期進行兩人世界的約會，這對女性而言更為重要。若想長久維繫好自己的親密關係，就必須去堅持和落實。要讓男人知道，對女人而言，這好比性愛裡面「前戲」的一部分，切不可以掉以輕心。

5. 經常互送禮物。在有紀念意義的日子，或是去遠方出差、旅行回來，雙方都要記得送對方一些禮物，來提升儀式感。

很多男人都有一個認知，以為把老婆娶回家後，就無須花心思討妻子歡心——尤其是當妻子一成不變、不夠有趣、不夠有魅力的時候。因此，女人一定要讓伴侶對你持續保持好奇心和探索欲。如果你是好玩、有趣、內心豐富、隨時有變化的人，你的伴侶就會不自覺地把興趣放在你的身上，他會好奇也很關心你又有了什麼樣的變化、你有什麼有趣的事情可以與他分享。

以上五種愛的語言，可以很好地幫你維繫親密關係裡的親密度和幸福感。大家可以在日常生活中根據實際情況，帶著智慧去運用它們，並且要懂得覺察自己帶著何種意圖和想法、想要達成什麼樣的目的。最好的意圖和能量是你完全出自愛去做這些事情，而不是帶著期盼和索求的鉤子去做。比如，你很喜歡「服務的行動」這種愛的語言，就不要找特別懶的男人，因為他可能無法給予你想要的回應。

接下來，大家可以排序看看，這五種愛的語言在你心裡的優先順序：哪種是你最需要、最可以為你們的愛情加分的，而哪種是你並不在意的。與此同時，你也要試著去理解對方想要的、或是最為擅長的是哪種愛的語言，然後才能對照尋找出適合你的伴侶，或者在你的生活當中實踐運用。

不過，每個人對愛的語言的喜好，也會隨著時間的流逝而發生改變。正如我年輕時，言語上的肯定和欣賞對我而言可能是最為重要的。然而我發覺，如果太在意這個部分，就很容易吸引到巧言令色的渣男，而非踏踏實實做事的男人。因此，到了一定的年齡階段，我會更偏愛於「服務的行動」，即更加注重我的伴侶為我付出了什麼、做了什麼，這種愛的語言往往會讓我感動不已。

因此，多花點時間去研究自己和伴侶對五種愛的語言的偏好是十分值得的。它不但會決定你擇偶時的標準，更會在日後影響兩個人相處的品質。

最後，祈願每位讀者都能擁有長久的、圓滿的、一直都能保持新鮮感的親密關係，祝福大家。

· 自我練習 19 ·
愛的五種語言

· 冥想 11 ·
我值得擁有最美好的愛情和婚姻

BONUS

· 書友專享 ·

張德芬親密小錦囊

國家圖書館出版品預行編目資料

關係不是愛情，而是修行 / 張德芬著. -- 初版. -- 臺北市：皇冠, 2024.03
面； 公分. -- (皇冠叢書；第5142種)(張德芬作品集；8)
ISBN 978-957-33-4119-2 (平裝)

1.CST: 兩性關係 2.CST: 生活指導

544.7 113001256

皇冠叢書第5142種
張德芬作品集08

關係不是愛情，而是修行

作　　者—張德芬
發 行 人—平　雲
出版發行—皇冠文化出版有限公司
台北市敦化北路120巷50號
電話◎02-27168888
郵撥帳號◎15261516號
皇冠出版社(香港)有限公司
香港銅鑼灣道180號百樂商業中心
19字樓1903室
電話◎2529-1778　傳真◎2527-0904
總 編 輯—許婷婷
責任編輯—蔡承歡
美術設計—嚴昱琳
行銷企劃—薛晴方
著作完成日期—2022年10月
初版一刷日期—2024年3月

法律顧問—王惠光律師

讀者服務傳真專線◎02-27150507
電腦編號◎565008
ISBN◎978-957-33-4119-2
Printed in Taiwan
本書定價◎新台幣450元/港幣150元